ÉDITIONS
ULYSSE

Le plaisir... de mieux voyager

Direction de collection
Claude Morneau

Direction de projet
Pascale Couture

Correction
Pierre Daveluy

Cartographie
André Duchesne
Assistant
Steve Rioux

Mise en pages
Jennifer McMorran
Stéphane G. Marceau

Direction artistique
Patrick Farei
Atoll Direction

Les textes de cet ouvrage sont des extraits tirés des guides Ulysse suivants :

Guide de Voyage Ulysse Le Québec, textes de François Rémillard.

Guide de Voyage Ulysse Ontario, par Pascale Couture.

Guide de Voyage Ulysse Toronto, par Jennifer McMorran et Alain Rondeau.

Bibliothèque nationale du Québec
Deuxième trimestre 1997

SOMMAIRE

Liste des cartes

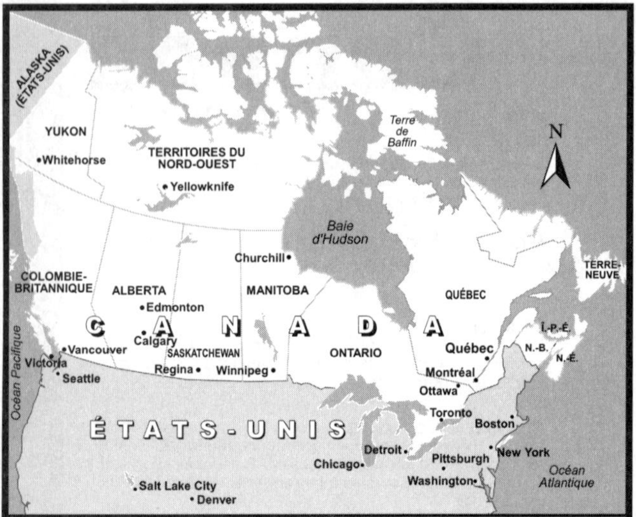

Situation géographique dans le monde

Le Canada
Capitale : Ottawa
Population : 28 100 000 hab.
Monnaie : dollar canadien
Superficie : 9 975 000 km²

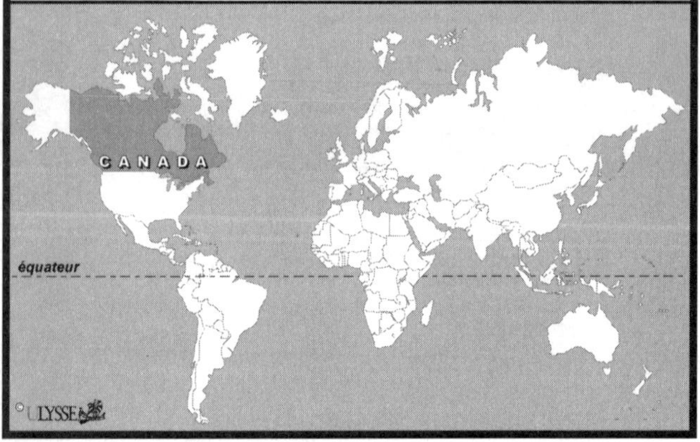

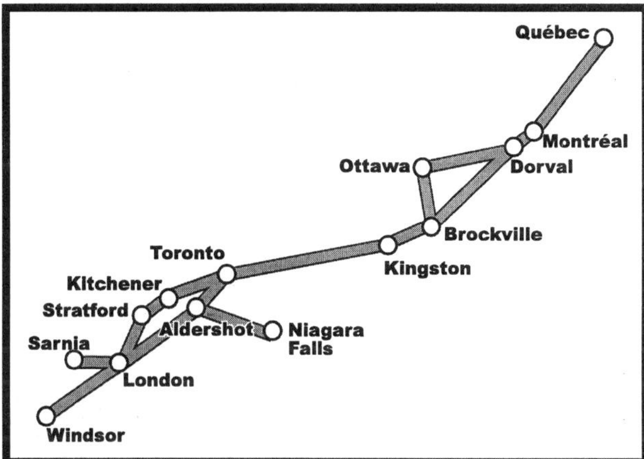

Le corridor Québec-Windsor

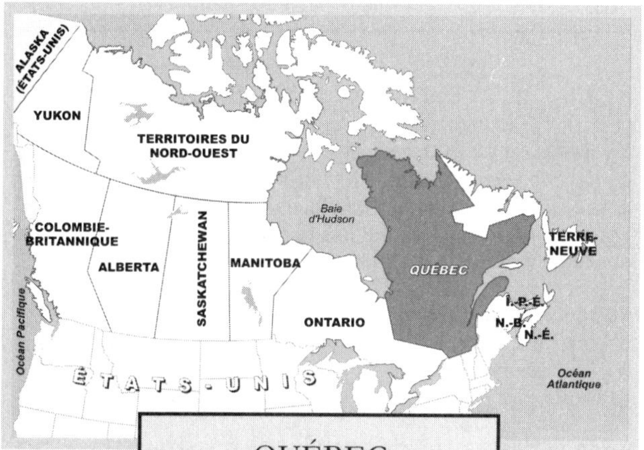

QUÉBEC

Vaste contrée située à l'extrémité nord-est du continent américain, le Québec s'étend sur environ 1 550 000 km^2, ce qui équivaut globalement aux superficies de l'Allemagne, de la France et de la péninsule ibérique mises ensemble. Cet immense territoire à peine peuplé, sauf dans ses régions les plus méridionales, comprend de formidables étendues sauvages, riches en lacs, en rivières et en forêts. Il forme une grande péninsule septentrionale, dont les interminables fronts maritimes plongent à l'ouest dans les eaux de la baie James et de la baie d'Hudson, au nord dans le détroit d'Hudson et la baie d'Ungava, et à l'est dans le golfe du Saint-Laurent. Le Québec possède également de très longues frontières terrestres qu'il partage à l'ouest et au sud-ouest avec l'Ontario, au sud-est avec le Nouveau-Brunswick et l'État du Maine, au sud avec les États de New York, du Vermont et du New Hampshire, et au nord-est avec le Labrador, appartenant à la province de Terre-Neuve.

RAPPEL DES PRINCIPAUX ÉVÉNEMENTS HISTORIQUES

Il y a plus de 12 000 ans : des nomades provenant de l'Asie septentrionale traversent le détroit de Béring et peuplent graduellement les deux Amériques. Certains s'établissent, après le retrait des glaces, sur la péninsule du Québec : ce sont les ancêtres des Amérindiens et des Inuit.

1534 : Jacques Cartier, marin de Saint-Malo, fait la première de ses trois explorations du golfe et du fleuve Saint-Laurent. Il s'agit des premiers contacts officiels de la France avec ce territoire.

1608 : Samuel de Champlain et ses hommes fondent Québec. C'est le début d'une présence française permanente en Amérique du Nord.

1615 : Étienne Brûlé explore l'Ontario et se rend jusqu'aux berges de la baie Georgienne.

1663 : la Nouvelle-France devient officiellement une province française. La colonisation se poursuit.

1759 : Québec tombe aux mains des Britanniques. Quatre ans plus tard, le roi de France leur cédera officiellement la Nouvelle-France, où vivent environ 60 000 colons d'origine française.

1783 : au lendemain de la guerre d'Indépendance américaine, nombre de loyalistes viennent s'installer en Ontario.

1867 : naissance de la Confédération canadienne. Quatre provinces, dont le Québec et l'Ontario, sont parties prenantes de ce pacte. Six autres provinces viendront par la suite s'y joindre.

1914-1918 : le Canada s'engage dans la Première Guerre mondiale. Anglophones et francophones ne s'entendent pas sur l'ampleur de la participation du pays. Le Canada en ressort très divisé.

1929-1939 : la crise économique touche de plein fouet le Québec et l'Ontario.

1939-1945 : participation du Canada à la Seconde Guerre mondiale. Les anglophones et les francophones du pays s'opposent toujours en ce qui a trait à la conscription obligatoire.

1982 : rapatriement de la Constitution canadienne sans l'accord du Québec.

LA GÉOGRAPHIE

La géographie du Québec est marquée de trois formations morphologiques d'envergure continentale. D'abord, le puissant et majestueux fleuve Saint-Laurent, le plus important cours d'eau de l'Amérique du Nord à se jeter dans l'Atlantique, le traverse sur plus d'un millier de kilomètres. Tirant sa source des Grands Lacs, le Saint-Laurent reçoit dans son cours les eaux de grands affluents tels que l'Outaouais, le Richelieu, le Saguenay et la Manicouagan. Principale voie de pénétration du territoire, le fleuve a depuis toujours été le pivot du développement du Québec. Encore aujourd'hui, la majeure partie de la population québécoise se regroupe sur les basses terres qui le bordent, principalement dans la région de Montréal, qui compte près de la moitié de la population du Québec. Plus au sud, près de la frontière américaine, la chaîne des Appalaches longe les basses terres du Saint-Laurent depuis le sud-est du Québec jusqu'à la péninsule gaspésienne. Les paysages vallonnés de ces régions ne sont pas sans rappeler ceux de la Nouvelle-Angleterre, alors que les montagnes atteignent rarement plus de 1 000 m d'altitude. Le reste du Québec, soit environ 80 % de son territoire, est formé du Bouclier canadien, une très vieille chaîne de montagnes érodées, bordant la baie d'Hudson de chaque côté. Très peu peuplé, le Bouclier canadien possède des richesses naturelles fabuleuses, de grandes forêts et un formidable réseau hydrographique dont plusieurs rivières servent à la production d'électricité.

Un paysage façonné par l'homme

Le type d'occupation du sol des premiers colons modèle encore de nos jours l'espace territorial québécois. Les paysages des basses terres du Saint-Laurent portent ainsi toujours l'empreinte du système seigneurial français. Ce système, qui divisait les terres en longs rectangles très étroits, avait été élaboré pour permettre au plus grand nombre possible de colons d'avoir accès aux cours d'eau. Lorsque les terres bordant les cours d'eau étaient toutes peuplées, on traçait alors un chemin (un rang), avant de répéter cette même division du sol plus loin. Plusieurs régions du Québec restent quadrillées de la sorte. Comme les terres sont très étroites, derrière des maisons rapprochées les unes des autres qui s'alignent le long des rangs, les champs s'étendent à perte de vue. Dans certaines régions bordant la frontière américaine, les premiers occupants, des colons britanniques, implantèrent, quant à eux, un système de cantons, soit une division du sol en forme de carré. Ce système subsiste dans certaines parties des Cantons-de-l'Est. Il a cependant disparu dans plusieurs autres régions à cause de l'arrivée massive de paysans francophones qui ont imposé le système seigneurial.

La flore

Vu la différence de climat, la végétation varie sensiblement d'une région à l'autre; alors que dans le nord du territoire québécois elle est plutôt rabougrie, dans le sud elle s'avère luxuriante. En général, au Québec, on divise le type de végétation selon quatre strates, allant du nord au sud : la toundra, la forêt subarctique, la forêt boréale et la forêt mixte.

La toundra occupe les confins les plus septentrionaux du Québec, principalement aux abords de la baie d'Hudson et de la baie d'Ungava. Étant donné que la saison végétative dure à peine un mois, que la température hivernale est excessive et que le gel du sol atteint plusieurs mètres de profondeur, la

© ULYSSE
Le Québec
0 150 300km
N
Terre de Baffin
Iqaluit
Détroit d'Hudson
Ivujivik
Salluit
Purtuniq
Kangiqsujuaq
Akulivik
Cratère du Nouveau-Québec
Quaqtaq
Povungnituk
Killiniq
Kangirsuk
Baie d'Ungava
Aupaluk
Inukjuak
Kangiqsualujjuaq
Océan Atlantique
Tasiujaq
Baie d'Hudson
Hebron
Kuujjuaq
Îles Belcher
Umiujaq
Kuujjuarapik
Baie James
LABRADOR (TERRE-NEUVE)
Schefferville
Chisasibi
Radisson
Keyano
Sakami
Goose Bay
Wemindji
Labrador City
Churchill Falls
Fermont
Eastmain
Waskaganish
Blanc-Sablon
Nemiscau
109
Tête-à-la-Baleine
Havre-Saint-Pierre
Mistassini
167
Sept-Îles
389
Matagami
Natashquan
113
Chibougamau
138
Île d'Anticosti
167
Baie-Comeau
Matane
132
TERRE-NEUVE
Rouyn-Noranda
Lac Saint-Jean
Murdochville
Gaspé
Chicoutimi
Golfe du Saint-Laurent
Val-d'Or
Roberval
Rimouski
Tadoussac
Fleuve Saint-Laurent
117
La Malbaie
Rivière-du-Loup
Îles-de-la-Madeleine
155
175
Edmundston
Témiscaming
ÎLE-DU-PRINCE-ÉDOUARD
Trois-Rivières
Québec
NOUVEAU-BRUNSWICK
North Bay
MAINE
Sydney
40
20
Moncton
Charlottetown
Hull
Fredericton
Île du Cap-Breton
ONTARIO
New Glascow
Océan Atlantique
Ottawa
Montréal
St. John
Truro
NEW YORK
VERMONT
N.H.
NOUVELLE-ÉCOSSE
Halifax
ÉTATS-UNIS

végétation de la toundra ne se compose que d'arbres miniatures, de mousses et de lichens.

La forêt subarctique, ou forêt de transition, couvre, quant à elle, plus du tiers du Québec, faisant le lien entre la toundra et la forêt boréale. Il s'agit d'une zone à la végétation très clairsemée, où les arbres connaissent une croissance extrêmement lente et réduite. On y trouve plus particulièrement de l'épinette et du mélèze.

La forêt boréale s'étend également sur une très grande partie du Québec, depuis la forêt subarctique et, en certains endroits, jusqu'aux rives du fleuve Saint-Laurent. C'est une région forestière très homogène où l'on ne retrouve que des résineux, dont les principales essences sont l'épinette blanche, l'épinette noire, le sapin baumier, le pin gris et le mélèze. On l'exploite pour la pâte à papier et le bois de construction.

La forêt mixte, qui se déploie le long du fleuve Saint-Laurent jusqu'à la frontière américaine, se compose de conifères et de feuillus. Elle est riche de nombreuses essences telles que le pin blanc, le pin rouge, la pruche, l'épinette, le merisier, l'érable, le bouleau et le tremble.

MONTRÉAL

Ville de paradoxes au carrefour de l'Amérique et de l'Europe, à la fois latine et septentrionale, cosmopolite et métropole québécoise, Montréal s'offre sans retenue. Lorsque vient le temps d'y célébrer le jazz, le cinéma, l'humour, la chanson ou la Saint-Jean-Baptiste, c'est par centaines de milliers que l'on envahit ses rues pour faire de ces événements de chaleureuses manifestations populaires. Perméable aux influences françaises et nord-américaines, tout en étant le principal foyer de la culture québécoise et une terre d'accueil de peuples provenant de tous les horizons, Montréal constitue un formidable carrefour culturel de réputation internationale. Sa gastronomie bénéficie également d'une réputation très enviable : il semble que l'on mange mieux à Montréal que partout ailleurs en Amérique du Nord.

Ce sera Jacques Viger, premier maire élu, qui donnera à Montréal sa devise (*Concordia Salus*) et ses armoiries, formées des quatre symboles des peuples «fondateurs», soit le castor canadien-français, auquel peut se substituer la fleur de lys, le trèfle irlandais, le chardon écossais et la rose anglaise.

Vieux-Montréal

Au XVIIIe siècle, Montréal était, tout comme Québec, entourée de fortifications en pierre. Entre 1801 et 1817, cet ouvrage défensif fut démoli à l'instigation des marchands, qui y voyaient une entrave au développement de la ville. Cependant, la trame des rues anciennes, comprimée par près de 100 ans d'enfermement, est demeurée en place.

En 1663, la seigneurie de l'île de Montréal est acquise par les Messieurs de Saint-Sulpice de Paris. Ces derniers en demeureront les maîtres incontestés jusqu'à la conquête britannique de 1760. En plus de distribuer des terres aux colons et de tracer les premières rues de la ville, les sulpiciens font ériger de nombreux bâtiments, dont la première église paroissiale de Montréal en 1673. En 1823, ils font dessiner les plans de la plus vaste et la plus originale des églises au nord du Mexique. La **basilique Notre-Dame** *(110 rue Notre-Dame Ouest, ☎ 514-842-2925)*, construite entre 1824 et 1829, est un véritable chef-d'œuvre du style néo-gothique en Amérique. Il ne faut pas y voir une réplique d'une cathédrale d'Europe, mais bien un bâtiment foncièrement néo-classique de la révolution industrielle, sur lequel est apposé un décor d'inspiration médiévale précurseur de l'historicisme de l'ère victorienne. Le décor intérieur d'origine, jugé trop sévère, fut remplacé par le fabuleux décor polychrome actuel entre 1874 et 1880. Il est entièrement de bois peint et doré à la feuille. On remarquera en outre le baptistère, décoré de fresques du peintre Ozias Leduc, le puissant orgue électropneumatique Casavant de 5 772 tuyaux, fréquemment mis à contribution lors des nombreux concerts donnés à la basilique, ainsi que les vitraux du maître-verrier limousin Francis Chigot, dépeignant des épisodes de l'histoire de Montréal, et qui furent installés lors du centenaire de l'église.

Le **Musée d'archéologie et d'histoire de la Pointe-à-Callière** *(350 Place Royale, Pointe-à-Callière, métro Place-d'Armes, ☎ 514-872-9150)* se trouve à l'emplacement même où Montréal fut fondée le 18 mai 1642. Là où débute la place d'Youville coulait autrefois la rivière Saint-Pierre; là où se trouve la rue de la Commune s'approchait la rive boueuse du fleuve, découpant ainsi une pointe isolée sur laquelle les premiers colons érigèrent le fort Ville-Marie, fait de terre et de pieux. Le musée utilise les techniques les plus modernes pour présenter aux visiteurs un intéressant panorama de l'histoire de la ville. Un spectacle multimédia, une visite des vestiges découverts sur le site, de belles maquettes représentant différents stades du développement de la place Royale, des conversations holographiques et des expositions thématiques composent le menu de ce musée.

Le port de Montréal est le plus important port intérieur du continent. Il s'étend sur 25 km le long du fleuve, de la Cité du Havre aux raffineries de Montréal-Est. Le **Vieux-Port de Montréal** *(métro Place-d'Armes ou Champ-de-Mars)* correspond à la portion historique du havre, située devant la ville ancienne. Délaissé à cause de sa vétusté, il a été réaménagé et comporte maintenant un agréable parc linéaire, aménagé sur les remblais et couplé d'une promenade le long des quais offrant une «fenêtre» sur le fleuve, ainsi que sur les quelques activités maritimes qui ont heureusement été préservées. L'agencement met en valeur les vues sur l'eau, sur le centre-ville et sur la rue de la Commune, qui dresse devant la ville sa muraille d'entrepôts néo-classiques en pierre grise, représentant l'un des seuls exemples d'aménagement dit en «front de mer» en Amérique du Nord. Du Vieux-Port, on peut faire une excursion sur le fleuve et le canal de Lachine avec **Le Bateau-Mouche** *(☎ 514-849-9952)*, pourvu d'un toit vitré qui permet d'apprécier la beauté des panoramas environnants. On peut aussi utiliser les **navettes** *(quai Jacques-Cartier, ☎ 514-281-8000)* pour l'île Sainte-Hélène et pour Longueuil qui permettent d'avoir une vue d'ensemble sur le Vieux-Port et le Vieux-Montréal.

Le **quai King-Edward**, à l'est, accueille, dans les anciens hangars, différentes expositions saisonnières, en plus d'abriter un marché aux puces, un café et surtout le **cinéma Imax** *(quai King-Edward, métro Champ-de-Mars ou Place-d'Armes, ☎ 514-496-4629)*, merveille de la technologie canadienne. On y présente sur écran géant des films plus vrais que nature, tournés avec une caméra spéciale.

La **place Jacques-Cartier** *(métro Champ-de-Mars)* a été aménagée à l'emplacement du château de Vaudreuil, incendié en

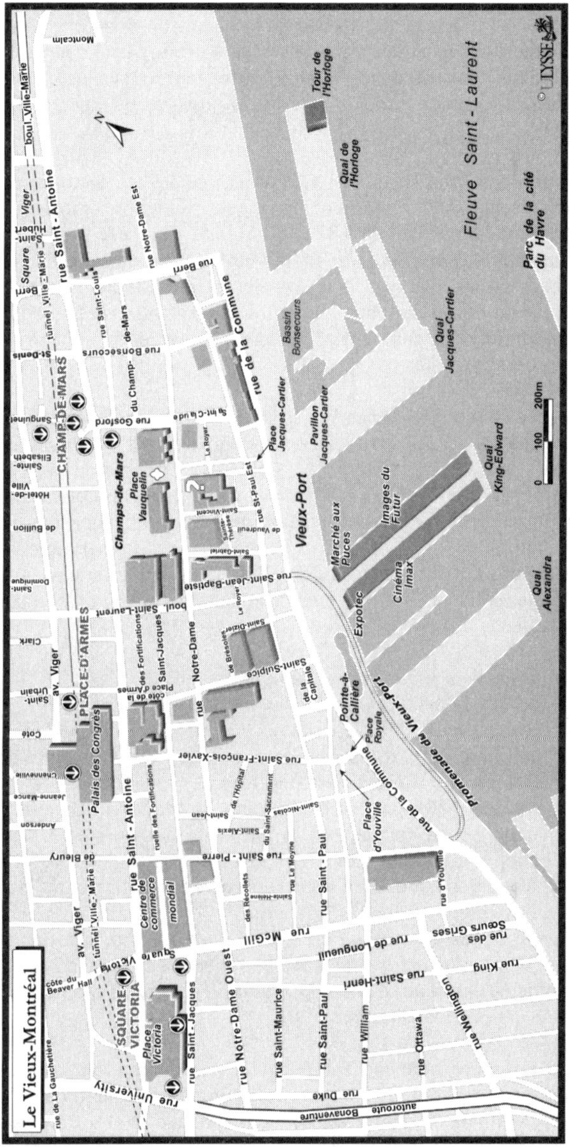
Le Vieux-Montréal
Fleuve Saint-Laurent
Vieux-Port
Quai de l'Horloge
Tour de l'Horloge
Bassin Bonsecours
Quai Jacques-Cartier
Pavillon Jacques-Cartier
Place Jacques-Cartier
Quai King-Edward
Quai Alexandra
Parc de la cité du Havre
Marché aux Puces
Images du Futur
Cinéma Imax
Expotec
Promenade du Vieux-Port
Pointe-à-Callière
Place Royale
Place d'Youville
Place d'Armes
Place Vauquelin
Champs-de-Mars
Place Victoria
Square Victoria
Palais des Congrès
Centre de commerce mondial
CHAMP-DE-MARS
PLACE-D'ARMES
SQUARE VICTORIA
rue Saint-Antoine
rue de la Commune
rue Notre-Dame Est
rue Saint-Paul
rue McGill
rue Saint-Jacques
rue Notre-Dame Ouest
rue Saint-Maurice
rue William
rue Ottawa
rue Wellington
rue King
rue des Sœurs Grises
rue de Longueuil
rue Saint-Henri
rue Duke
rue University
autoroute Bonaventure
av. Viger
boul. Saint-Laurent
rue Saint-Jean-Baptiste
rue Saint-Sulpice
rue Saint-François-Xavier
rue Saint-Pierre
rue Bonsecours
rue Gosford
rue Berri
rue Saint-Louis
boul. Ville-Marie
tunnel Ville-Marie
Square Viger
Montcalm
0 100 200m
© ULYSSE

1803. À l'une des extrémités de la place, on aperçoit le **quai Jacques-Cartier** et le fleuve, alors qu'à droite, à mi-course, se cache la petite **rue Saint-Amable**, où se regroupent les artistes et artisans, vendant bijoux, dessins et gravures pendant la belle saison.

Après avoir logé dans des bâtiments inadéquats pendant des décennies, l'Administration municipale put enfin emménager dans l'édifice actuel en 1878. L'**hôtel de ville** *(275 rue Notre-Dame Est, métro Champ-de-Mars)*, bel exemple du style Second Empire ou Napoléon III, est l'œuvre d'Henri-Maurice Perrault, auteur du Palais de justice voisin. Des expositions se tiennent sporadiquement dans le hall d'honneur, auquel on accède par l'entrée principale.

La jolie **place Vauquelin** est située juste au nord de la place Jacques-Cartier. Descendez l'escalier qui conduit au **Champ-de-Mars**, dont le réaménagement, en 1991, a permis de dégager une partie des vestiges des fortifications qui entouraient jadis Montréal. Les grandes pelouses bordées d'arbres rappellent que le Champ-de-Mars a été utilisé comme terrain de manœuvre et de parades militaires jusqu'à 1924. On remarquera aussi le dégagement, qui permet une vue sur le centre-ville et ses gratte-ciel.

Retourner vers la rue Notre-Dame.

Le plus humble des «châteaux» construits à Montréal, le **Château Ramezay** *(280 rue Notre-Dame Est, métro Champ-de-Mars, ☎ 514-861-3708)*, est pourtant le seul qui subsiste. Il a été érigé en 1705 pour le gouverneur de Montréal, Claude de Ramezay, et sa famille. On y présente toujours une riche collection de mobilier, costumes et objets usuels des XVIIIe et XIXe siècles, ainsi que de nombreux objets amérindiens.

Tourner à droite sur la rue Berri, puis encore à droite sur la rue Saint-Paul, qui offre une belle perspective sur le dôme du marché Bonsecours. Continuer tout droit jusqu'à la chapelle Notre-Dame-de-Bonsecours.

Une première chapelle fut érigée à cet endroit en 1657, à l'instigation de sainte Marguerite Bourgeoys, fondatrice de la congrégation de Notre-Dame. La **chapelle Notre-Dame-de-Bonsecours** *(400 rue St-Paul Est, métro Champ-de-Mars)* actuelle date de 1771, alors que les Messieurs de Saint-Sulpice voulurent établir une desserte de la paroisse mère dans l'est de la ville fortifiée. La chapelle a été mise au goût du jour vers 1890, au moment où l'on a ajouté la façade actuelle en pierre bossagée ainsi que la chapelle aérienne donnant sur le port. L'intérieur, refait à la même époque, abrite de nombreux *ex-voto* offerts par des marins sauvés d'un naufrage. Certains prennent la forme de maquettes de navires, suspendues du plafond de la nef.

La **rue Saint-Paul** fut pendant longtemps la principale artère commerciale de Montréal. Entre 1845 et 1850, on y érige le **marché Bonsecours** *(350 rue St-Paul Est)*, bel édifice néo-classique en pierre grise, doté de fenêtres à guillotines à l'anglaise. Il comporte un portique dont les colonnes doriques en fonte furent coulées en Angleterre et un dôme argenté qui a longtemps été le symbole de la ville, à l'entrée du port. Le marché public, fermé au début des années soixante, a été rouvert partiellement en 1996.

Le centre-ville

Au début du XXe siècle, le centre de Montréal s'est déplacé graduellement de la vieille ville vers ce qui était, jusque-là, le quartier résidentiel huppé de la bourgeoisie canadienne, baptisé *«Golden Square Mile»*. De grandes artères, comme le boulevard Dorchester, aujourd'hui René-Lévesque, étaient alors bordées de demeures palatiales entourées de jardins ombragés. Le centre-ville a connu une transformation radicale en un très court laps de temps, soit entre 1960 et 1967, période pendant laquelle sont construits la Place Ville-Marie, le métro, la ville souterraine, la Place des Arts et plusieurs autres structures qui influencent encore le développement du secteur.

Le **Musée des beaux-arts de Montréal** *(1380 rue Sherbrooke Ouest, métro Guy-Concordia, ☎ 514-285-1600)* est installée dans deux pavillons distincts, distribués de part et d'autre de la rue Sherbrooke Ouest (le pavillon Benaiah-Gibb au numéro 1379 et le pavillon Jean-Noël-Desmarais au numéro 1380). Situé au cœur du centre-ville, il est le plus important et le plus ancien musée québécois. Il regroupe des collections variées qui dressent un portrait de l'évolution des arts dans le monde depuis l'Antiquité jusqu'à nos jours. Jusqu'à trois expositions temporaires d'envergure internationale peuvent y être présentées simultanément, constituant ainsi un volet appréciable des activités du musée. C'est en 1860 que des amateurs d'art issus de la bourgeoisie anglo-saxonne de Montréal fondent le Musée des beaux-arts. L'édifice, l'actuel pavillon Benaiah-Gibb, est inauguré en 1912. Il est doté d'une élégante façade de marbre blanc du Vermont, dessinée dans le style Renouveau classique, dont les formes rappellent la Rome antique. Bien que le musée eût été agrandi à deux reprises vers l'arrière, en 1939 puis en 1976, ses espaces demeuraient malgré tout nettement insuffisants. Le nouveau pavillon, baptisé en l'honneur de Jean-Noël Desmarais, père du mécène Paul Desmarais, a été inauguré en 1991. Il présente sur la gauche une façade de marbre blanc faisant écho au premier musée, alors qu'il intègre sur la droite la façade de brique rouge d'un ancien immeuble résidentiel (1905). Une série de galeries souterraines aménagées sous la rue Sherbrooke Ouest permettent de passer du pavillon Jean-Noël-Desmarais au pavillon Benaiah-Gibb sans avoir à sortir à l'extérieur.

La **ville souterraine** de Montréal est la plus étendue du monde. Très appréciée les jours de mauvais temps, elle donne accès par des tunnels, des atriums et des places intérieures à plus de 2 000 boutiques et restaurants, à des cinémas, à des immeubles résidentiels, à des bureaux, à des hôtels, à des gares, au terminus d'autobus, à la Place des Arts et même à l'Université du Québec à Montréal (UQAM).

Le **Centre Infotouriste** *(1001 Square Dorchester, métro Peel)* abrite les comptoirs de plusieurs intervenants du domaine touristique, entre autres les bureaux d'information touristique, de la firme d'autobus Greyhound, du service de réservation Le Réseau et de la Librairie Ulysse.

L'**édifice Sun Life** *(1155 rue Metcalfe, métro Peel)*, érigé entre 1913 et 1933 pour la puissante compagnie d'assurances Sun Life, fut pendant longtemps le plus vaste édifice de l'Empire britannique. C'est dans cette «forteresse» de l'*establishment* anglo-saxon, aux colonnades dignes de la mythologie antique, que l'on dissimula les joyaux de la Couronne britannique au cours de la Seconde Guerre mondiale.

En 1887, le directeur du Canadien Pacifique, William Cornelius Van Horne, demande à son ami new-yorkais Bruce Price (1845-

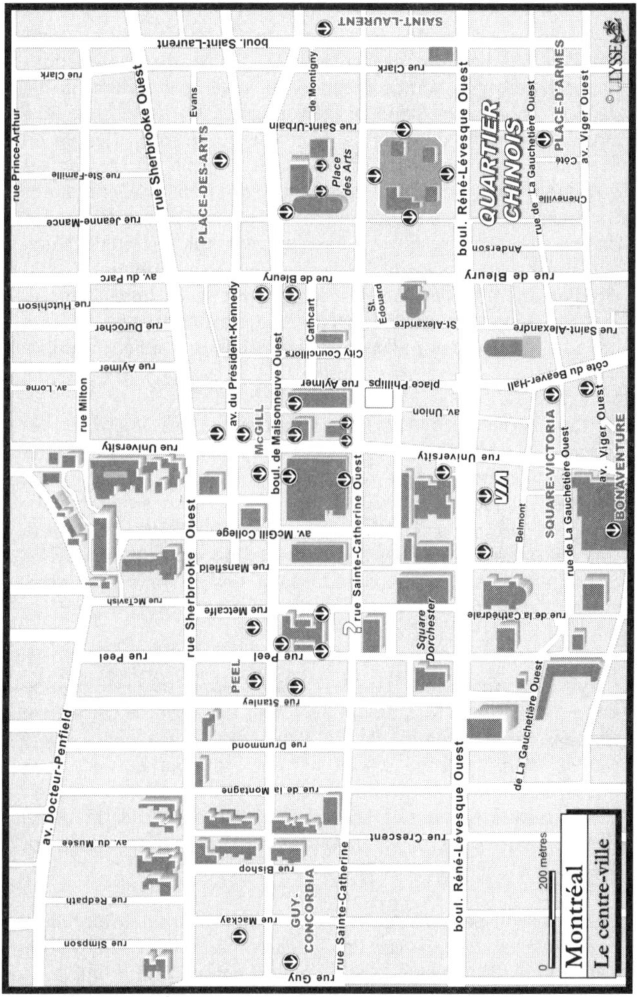
Montréal
Le centre-ville
0
200 mètres
QUARTIER CHINOIS
PLACE-DES-ARTS
McGILL
PEEL
GUY-CONCORDIA
SQUARE-VICTORIA
PLACE-D'ARMES
BONAVENTURE
SAINT-LAURENT
Place des Arts
Square Dorchester
rue Sherbrooke Ouest
boul. René-Lévesque Ouest
rue Sainte-Catherine Ouest
rue Sainte-Catherine
boul. de Maisonneuve Ouest
av. du Président-Kennedy
rue de La Gauchetière Ouest
av. Viger Ouest
av. Docteur-Penfield
boul. Saint-Laurent
rue Clark
rue Prince-Arthur
rue Ste-Famille
rue Jeanne-Mance
av. du Parc
rue Hutchison
rue Durocher
rue Aylmer
av. Lorne
rue Milton
rue University
av. McGill College
rue Mansfield
rue McTavish
rue Metcalfe
rue Peel
rue Stanley
rue Drummond
rue de la Montagne
av. du Musée
rue Crescent
rue Bishop
rue Redpath
rue Mackay
rue Simpson
rue Guy
Evans
de Montigny
rue Saint-Urbain
rue de Bleury
Cathcart
City Councillors
St. Édouard
St-Alexandre
rue Saint-Alexandre
place Phillips
av. Union
côte du Beaver-Hall
Anderson
Chenneville
Côté
Belmont
rue de la Cathédrale
© ULYSSE

1903) d'élaborer les plans de la **gare Windsor** *(à l'angle des rues de La Gauchetière et Peel, métro Bonaventure)*, gare moderne qui agira comme terminus du chemin de fer transcontinental, terminé l'année précédente. L'allure massive qui se dégage de la gare Windsor, ses arcades en série, ses arcs cintrés soulignés dans la pierre et ses contreforts d'angle en font le meilleur exemple montréalais du style néo-roman tel qu'adapté par l'architecte américain Henry Hobson Richardson. Sa construction va consacrer Montréal comme plaque tournante du transport ferroviaire au pays et amorcer le transfert des activités commerciales et financières du Vieux-Montréal vers le *Golden Square Mile*. Délaissée au profit de la gare Centrale après la Seconde Guerre mondiale, la gare Windsor ne fut plus utilisée que par les passagers des trains de banlieue jusqu'à 1993.

Le **Centre Molson** *(1250 rue de La Gauchetière, métro Bonaventure, ☎ 514-989-2841)*, érigé à l'emplacement des quais de la gare Windsor, bloque maintenant tout accès des trains au vénérable édifice. L'immense bâtiment aux formes incertaines, inauguré en mars 1996, a succédé au Forum de la rue Sainte-Catherine en tant que patinoire du club de hockey Le Canadien. La saison régulière de la Ligue nationale de hockey s'étend d'octobre à avril, et les éliminatoires peuvent se prolonger jusqu'en juin.

Siège de l'archevêché de Montréal et rappel de la puissance extrême du clergé jusqu'à la Révolution tranquille, la **cathédrale Marie-Reine-du-Monde** *(boul. René-Lévesque Ouest, angle Mansfield, métro Bonaventure)* est une réduction au tiers de la basilique Saint-Pierre-de-Rome. Sa construction, entreprise en 1870, sera finalement achevée en 1894. Les statues de cuivre des 13 saints patrons des paroisses de Montréal seront, quant à elles, installées en 1900.

En 1913, on perce, sous le mont Royal, un tunnel ferroviaire qui aboutit au centre-ville. Les voies souterraines courent sous l'avenue McGill College, puis se multiplient au fond d'une large tranchée à l'air libre qui s'étend entre les rues Mansfield et University. En 1938, on érige la **gare Centrale** en sous-sol, véritable point de départ de la ville souterraine. Camouflée depuis 1957 par l'**Hôtel Reine-Elizabeth**, elle présente une intéressante Salle des pas perdus de style Art déco aérodynamique, aussi appelé Streamlined Deco. C'est de cette gare que partent les trains Via. La **Place Ville-Marie** *(1 Place Ville-Marie, métro Bonaventure)* voit le jour dans la portion nord de cette tranchée en 1959. Le célèbre architecte sino-américain Ieoh Ming Pei (Pyramide du Louvre de Paris, East Building de la National Gallery de Washington) conçoit, au-dessus des voies ferrées, un complexe multifonctionnel comprenant des galeries marchandes très étendues, aujourd'hui reliées à la majorité des immeubles environnants, et différents immeubles de bureaux dont la fameuse tour cruciforme en aluminium. Sa forme particulière, tout en permettant d'obtenir un meilleur éclairage naturel jusqu'au centre de la construction, symbolise la ville catholique dédiée à Marie.

Au milieu de l'espace public en granit, une rose des vents indique le nord géographique, alors que l'orientation de l'**avenue McGill College**, dans l'axe de la place, suggère plutôt le nord tel que les Montréalais le perçoivent dans la vie de tous les jours. Cette artère, bordée de gratte-ciel multicolores, était encore en 1950 une étroite rue résidentielle. La large perspective qu'elle offre maintenant permet de voir le mont Royal, coiffé de sa croix métallique. Celle-ci fut installée en 1927 pour commémorer le geste posé par le fondateur de Montréal, Paul Chomedey, sieur de Maisonneuve, lorsqu'il gravit la montagne en janvier 1643 pour y planter une croix de bois en guise de remerciement à la Vierge pour avoir épargné le fort Ville-Marie d'une inondation dévastatrice.

Traverser la Place Ville-Marie, puis emprunter l'avenue McGill College jusqu'à la rue Sherbrooke.

Le **Musée McCord d'histoire canadienne** *(690 rue Sherbrooke Ouest, métro McGill, ☎ 514-398-7100)* occupe un beau bâtiment d'inspiration baroque anglais. C'est le musée qu'il faut absolument voir à Montréal si l'on s'intéresse aux Amérindiens et à la vie quotidienne au Canada aux XVIIIe et XIXe siècles.

L'**Université McGill** *(805 rue Sherbrooke Ouest, métro McGill)* a été fondée en 1821 grâce à un don du marchand de fourrures James McGill, ce qui en fait la plus ancienne des quatre universités de la ville. L'institution sera, au long du XIXe siècle, l'un des plus beaux fleurons de la bourgeoisie écossaise du *Golden Square Mile*. Le campus principal de l'université est caché dans la verdure, au pied du mont Royal. On y pénètre, à l'extrémité nord de l'avenue McGill College, par les portes

Roddick, qui renferment l'horloge et le carillon universitaire. Au fond de l'allée se dresse le plus ancien bâtiment du campus, le Arts Building de 1839. Cet austère bâtiment néo-classique de l'architecte John Ostell fut pendant trois décennies le seul pavillon de l'Université McGill.

Revenir vers la rue Sainte-Catherine Ouest.

La **rue Sainte-Catherine** est la principale artère commerciale de Montréal. Longue de 15 km, elle change de visage à plusieurs reprises sur son parcours. Vers 1870, elle était encore bordée de maisons en rangée, mais, en 1920, elle était déjà au cœur de la vie montréalaise. Depuis les années soixante, un ensemble de centres commerciaux reliant l'artère aux lignes de métro adjacentes s'est ajouté aux commerces sur rue.

Autrefois situé à la Cité du Havre, le **Musée d'Art contemporain** *(185 rue Ste-Catherine Ouest, à l'angle de la rue Jeanne-Mance, métro Place-des-Arts, ☎ 514-847-6212)* a déménagé sur ce site en 1992. L'édifice tout en longueur, érigé au-dessus du stationnement de la Place des Arts, compte huit salles où sont présentées des œuvres québécoises et internationales réalisées après 1940.

Inspiré par des ensembles culturels comme le Lincoln Center de New York, le gouvernement du Québec a fait ériger la **Place des Arts** *(rue Ste-Catherine Ouest, entre les rues Jeanne-Mance et Saint-Urbain, métro Place-des-Arts)*, complexe de cinq salles consacré aux arts de la scène, dans la foulée de la Révolution tranquille. La salle Wilfrid-Pelletier, au centre, fut inaugurée en 1963 (2 982 places). Elle accueille l'Orchestre symphonique et l'Opéra de Montréal. Les autres salles sont : le Théâtre Maisonneuve (1 460 places), le Théâtre Jean-Duceppe (755 places), le Café de la Place (138 places) et la Cinquième Salle (350 places). La Place des Arts est reliée à l'axe gouvernemental de la ville souterraine, qui s'étend du Palais des congrès jusqu'à l'avenue du Président-Kennedy. Développée par les différents paliers de gouvernements, cette portion du réseau souterrain a été baptisée ainsi par opposition au réseau privé, qui gravite autour de la Place Ville-Marie, plus à l'ouest.

On quitte maintenant l'ancien secteur du *Golden Square Mile* pour aborder celui du **boulevard Saint-Laurent**. À la fin du XVIIIe siècle, le faubourg Saint-Laurent se développe en bordure du chemin du même nom, qui conduit à l'intérieur des terres. En 1792, on en fait la division officielle de la ville en deux quartiers est et ouest, de part et d'autre de l'artère. Le boulevard Saint-Laurent fut peuplé de vagues successives d'immigrants qui débarquent dans le port. Le tronçon du boulevard compris entre les boulevards René-Lévesque et de Maisonneuve deviendra cependant le noyau de la vie nocturne montréalaise dès le début du XXe siècle. Plus au nord, entre la rue Sainte-Catherine et l'avenue des Pins, vous trouverez une concentration d'épiceries fines spécialisées dans les produits d'Europe de l'Est, des librairies, des friperies ainsi que des cafés et restaurants à la mode.

Le **Quartier chinois** *(rue de La Gauchetière, métro Place-des-Arts)* de Montréal, même s'il est plutôt petit, n'en demeure pas moins un lieu de promenade agréable. Les Chinois venus au Canada pour la construction du chemin de fer transcontinental, terminé en 1886, s'y sont installés en grand nombre à la fin du XIXe siècle. Bien qu'ils n'habitent plus le quartier, ils y viennent toujours les fins de semaine pour flâner et faire provision de produits exotiques. La rue de La Gauchetière a été transformée en une artère piétonne bordée de restaurants et encadrée par de belles portes à l'architecture d'inspiration chinoise.

Le mont Royal

Le mont Royal est un point de repère important dans le paysage montréalais, autour duquel gravitent les quartiers centraux de la ville. Appelée simplement «la montagne» par les citadins, cette masse trapue fait de 234 m de haut à son point culminant. Ce «poumon vert» couvert d'arbres apparaît à l'extrémité des rues du centre-ville, exerçant un effet bénéfique sur les Montréalais, qui ainsi ne perdent jamais contact avec la nature. La montagne comporte en réalité trois sommets : le premier est occupé par le parc du Mont-Royal, le second par l'Université de Montréal, et le troisième par Westmount, ville autonome aux belles demeures de style anglais. À cela, il faut ajouter les cimetières catholique, protestant et juif, qui forment ensemble la plus vaste nécropole du continent nord-américain.

Du **belvédère Camillien-Houde** *(voie Camillien-Houde)*, un beau point d'observation, on embrasse du regard tout l'est de

Montréal. On voit, à l'avant-plan, le quartier du Plateau Mont-Royal, avec sa masse uniforme de duplex et de triplex, percée en plusieurs endroits par les clochers de cuivre verdi des églises paroissiales, et, à l'arrière-plan, les quartiers Rosemont et Maisonneuve, dominés par le Stade olympique. Le fleuve Saint-Laurent, visible à droite, fait 1,5 km de largeur à son point le plus étroit.

Gravir l'escalier de bois à l'extrémité sud du stationnement de l'observatoire, puis emprunter sur la gauche le chemin Olmsted, qui conduit au chalet et au belvédère principal. On longe alors la croix du mont Royal.

Le **parc du Mont-Royal** a été créé par la Ville de Montréal en 1870, à la suite des pressions des résidants du *Golden Square Mile* qui voyaient leur terrain de jeu favori déboisé par divers exploitants de bois de chauffage. Frederick Law Olmsted (1822-1903), le célèbre créateur du Central Park, à New York, fut mandaté pour aménager les lieux. Inauguré en 1876, ce parc de 101 ha, concentré dans la portion sud de la montagne, est toujours un endroit de promenade apprécié des Montréalais.

Le **chalet du mont Royal** *(parc du Mont-Royal, ☎ 514-844-4928)* est situé au centre du parc. Au cours des années trente et quarante, les *big bands* donnaient des concerts à la belle étoile sur les marches de l'édifice. Mais, si l'on se rend au chalet du mont Royal, c'est d'abord pour la traditionnelle vue sur le centre-ville depuis son belvédère, admirable en fin d'après-midi et en soirée, alors que les gratte-ciel s'illuminent.

Emprunter la route de gravier qui conduit au stationnement du chalet et à la voie Camillien-Houde. À droite se trouve une des entrées du cimetière Mont-Royal.

Du cimetière et des chemins qui y conduisent, on jouit de plusieurs points de vue sur le dôme en cuivre de l'**oratoire Saint-Joseph** (*3800 chemin Queen Mary, ☎ 514-733-8211)*. L'oratoire est un des principaux lieux de dévotion et de pèlerinage en Amérique. Il accueille chaque année quelque deux millions de visiteurs.

Îles Sainte-Hélène et Notre-Dame

En 1760, l'île Sainte-Hélène sera le dernier retranchement des troupes françaises en Nouvelle-France, sous le commandement du chevalier François de Lévis. L'importance stratégique des lieux est connue de l'armée britannique, qui aménage un fort dans la partie est de l'île au début du XIXe siècle, le **fort de l'île Sainte-Hélène**. L'ensemble en pierre de brèche, achevé en 1825, se présente tel un *U* échancré, entourant une place d'armes qui sert de nos jours de terrain de parade à la Compagnie Franche de la Marine et au 78e régiment des Fraser Highlanders. Ces deux régiments factices en costume d'époque font revivre les traditions militaires françaises et écossaises du Canada pour le grand plaisir des visiteurs.

Traverser le Pont de la Concorde.

Empruntez les sentiers qui conduisent vers l'intérieur de l'île dominée par la **tour Lévis**, simple château d'eau aux allures de donjon érigé en 1936, et par le **blockhaus fénien**, poste d'observation en bois érigé en 1849.

Le **Musée David M. Stewart** *(métro Île-Sainte-Hélène, ☎ 514-861-6701)* est installé dans l'arsenal. On y présente un ensemble d'objets des XVIIe et XVIIIe siècles.

La Ronde *(métro Île-Sainte-Hélène, ☎ 514-872-6222)* est un parc d'attractions qui a été aménagé à l'occasion de l'Exposition universelle de 1967 sur l'ancienne île Ronde. Pour les Montréalais, la visite annuelle à La Ronde est presque devenu un pèlerinage. Un concours international d'art pyrotechnique s'y tient les samedis ou les dimanches pendant les mois de juin et de juillet.

Emprunter le chemin qui longe la rive sud de l'île en direction de la Biosphère.

Bien peu de pavillons d'Expo 67 ont survécu à l'usure du temps et aux changements de vocation des îles. L'un des rares survivants est l'ancien pavillon américain, la **Biosphère** *(métro Île-Sainte-Hélène, ☎ 514-283-5000)*, qui représente un véritable monument à l'architecture moderne. Il s'agit du premier dôme géodésique complet à avoir dépassé le stade de la maquette.

Son concepteur est le célèbre ingénieur Richard Buckminster Fuller (1895-1983). On y a maintenant installé une exposition permanente visant à sensibiliser le public dans les domaines du développement durable et de la conservation de l'eau en tant que ressource précieuse.

Traverser sur l'île Notre-Dame en empruntant la passerelle du Cosmos.

L'**île Notre-Dame** est sortie des eaux du fleuve Saint-Laurent en l'espace de 10 mois, grâce aux 15 millions de tonnes de roc et de terre transportés sur le site depuis le chantier du métro. D'avril à novembre 1967, 45 millions de visiteurs fouleront le sol des deux îles et de la Cité du Havre, qui constitue le point d'entrée du site. «L'Expo», comme l'appellent encore familièrement les Montréalais, fut plus qu'un ramassis d'objets hétéroclites. Ce fut le réveil de Montréal, son ouverture au monde et, pour ses visiteurs venus de partout, la découverte d'un nouvel art de vivre, celui de la minijupe, des réactés, de la télévision en couleurs, des hippies, du *flower power* et du rock revendicateur.

Le **Casino de Montréal** (*métro Île-Sainte-Hélène et autobus 167, ☎ 514-392-2746)* est aménagé dans ce qui fut les pavillons de la France et du Québec lors de l'Exposition universelle de 1967. Le bâtiment principal, correspondant à l'ancien **pavillon de la France**, a été conçu en aluminium par l'architecte Jean Faugeron. Les galeries supérieures offrent une vue imprenable sur le centre-ville et sur le fleuve Saint-Laurent. Le bâtiment à l'allure d'une pyramide tronquée que l'on trouve immédiatement à l'ouest est l'ancien **pavillon du Québec**. Il a été intégré au Casino après avoir été exhaussé et revêtu d'un parement de verre doré en 1996. Environ 15 000 personnes s'y rendent chaque jour. Ses 2 700 machines à sous et ses 107 tables de jeu en font un des 10 plus grands casinos du monde. L'endroit est aussi fréquenté pour ses bars et son cabaret, ainsi que pour ses cinq restaurants, parmi lesquels figure Nuances, classé parmi les meilleurs au Canada. Entrée réservée aux personnes de 18 ans et plus. Code vestimentaire en vigueur.

Maisonneuve

Le **Jardin botanique**, la **Maison de l'Arbre** et l'**Insectarium** *(4101 rue Sherbrooke Est, métro Pie-IX, ☎ 514-872-1400)*. D'une superficie de 73 ha, le Jardin botanique comprend 10 serres d'exposition reliées les unes aux autres, où l'on peut notamment voir une précieuse collection d'orchidées ainsi que le plus important regroupement de bonsaïs et de *penjings* hors d'Asie, dont fait partie la fameuse collection «*Wu*», donnée au jardin par le maître Wu Yee-Sun de Hong-Kong en 1984.

S'y retrouvent aussi 30 jardins extérieurs ouverts du printemps à l'automne. Un arboretum occupe la partie nord du jardin botanique. C'est dans ce secteur qu'a été érigée la **Maison de l'Arbre**, formée d'un assemblage de poutres provenant de différentes essences. À l'arrière, une terrasse donne accès à un charmant petit jardin de bonsaïs. L'**Insectarium** *(☎ 514-872-8753)*, complémentaire, est situé à l'est des serres. D'un type nouveau, ce musée vivant invite les visiteurs à découvrir le monde fascinant des insectes, à l'aide de courts films, de jeux interactifs et d'une surprenante collection d'insectes. On peut se procurer un laissez-passer, valide pour deux jours consécutifs et donnant accès au Jardin Botanique, à l'Insectarium, à la Maison de l'Arbre et au Biodôme.

Le **Stade olympique** *(4141 av. Pierre-de-Coubertin, ☎ 514-252-8687)*. Montréal ayant été choisi comme ville hôte des Jeux olympiques d'été de 1976, il fallait la doter d'équipements à la hauteur. Un milliard de dollars plus tard, l'œuvre maîtresse de l'architecte Roger Taillibert étonne par la courbure de ses formes organiques en béton. Le stade ovale de 60 000 places est couvert d'une toiture en kevlar soutenue par des câbles tendus depuis la tour penchée, haute de 190 m. Le Stade olympique accueille chaque année différents événements, et, d'avril à septembre, l'équipe de base-ball Les Expos y dispute ses matchs à domicile.

La tour du Stade, maintenant appelée **Tour de Montréal**, serait la plus haute tour penchée au monde. Un funiculaire *(☎ 514-252-8687)* monte à l'assaut de la structure, permettant d'accéder à un observatoire intérieur d'où les visiteurs peuvent contempler l'ensemble de l'Est montréalais.

Un milieu de vie artificiel pour les plantes et les animaux, appelé le **Biodôme** *(4777 avenue Pierre-de-Coubertin, métro Viau, ☎ 514-868-3000)*, se trouve près du pied de la tour. Ce nouveau type de musée, rattaché au Jardin botanique, présente sur 10 000 m^2 quatre écosystèmes forts différents les uns des autres : la forêt tropicale, la forêt laurentienne, le Saint-Laurent marin et le monde polaire. Ce sont des microcosmes complets, comprenant végétation, mammifères et oiseaux en liberté, ainsi que conditions climatiques réelles.

Sortir à Montréal

Montréal a depuis longtemps la réputation d'être un fascinant lieu de divertissement unique en Amérique du Nord. Que ce soit en termes d'activités culturelles, de grands festivals ou, simplement, de bars et de discothèques, Montréal a suffisamment à offrir pour combler les attentes de chacun. Les amateurs de sport seront également ravis, car, en plus des matchs professionnels de hockey et de base-ball, Montréal offre une foule d'événements sportifs d'envergure internationale.

Du coucher du soleil jusque tard dans la nuit, Montréal vit aux rythmes parfois endiablés, parfois plus romantiques, de ses bars. Envahis par des individus de tous âges, ces bars ont été conçus pour répondre aux goûts les plus variés. Des bars-terrasses de la rue Saint-Denis aux établissements *underground* du boulevard Saint-Laurent en passant par les bars plus chic de la rue Crescent, sans oublier les bars gays du «Village», il en existe de toutes sortes : à vous de les découvrir...

Le **Festival de jazz international de Montréal** *(☎ 514-871-1881)* occupent les rues, les salles de concerts et les bars autour de la Place des Arts pendant deux semaines, à la fin du mois de juin et au début du mois de juillet. Le **Festival Juste pour Rire** *(☎ 514-845-3155 ou 790-HAHA)*, un festival d'humour, anime le Vieux-Port vers la mi-juillet. Le **Festival international des films du monde** *(☎ 514-848-3883)* présente les dernières productions cinématographiques internationales à la fin du mois d'août. Le **Concours international d'art pyrothechnique** *(☎ 514-872-6222)*, aux mois de juin et de juillet, présente des spectacles pyromusicaux des meilleurs artificiers du monde. Finalement, à la mi-juin, le bourdonnement des moteurs des voitures Formule 1 envahit la ville lors du **Grand Prix Player's du Canada** *(☎ 514-350-0000)*.

LA VILLE DE QUÉBEC

La ville de Québec est exceptionnelle tant par l'éblouissante richesse de son patrimoine architectural que par la beauté de son site. Sa Haute-Ville occupe un promontoire de plus de 98 m, le cap aux Diamants, et surplombe le fleuve Saint-Laurent, qui, à cet endroit, ne fait qu'un kilomètre de large. Cet étranglement du fleuve est d'ailleurs à l'origine du nom de la ville, puisque *kebec* signifie en langue algonquine «là où la rivière se rétrécit». Ce haut piton rocheux joua, dès les origines de la Nouvelle-France, un rôle stratégique majeur et se prêta très tôt à d'importants travaux de fortification. Surnommée le «Gibraltar de l'Amérique du Nord», Québec est aujourd'hui la seule ville fortifiée d'Amérique au nord de Mexico.

La ville de Québec, qui fut le berceau de la Nouvelle-France, évoque davantage l'Europe que l'Amérique par son atmosphère et son architecture. Ses rues étroites, flanquées de belles résidences en pierre, tout comme ses multiples clochers d'églises et d'institutions religieuses, rappellent la France de l'Ancien Régime. D'autre part, les vieilles fortifications de sa Haute-Ville, le Parlement et les somptueux bâtiments administratifs démontrent avec éclat l'importance qu'occupe Québec dans l'histoire du Canada. Sa richesse patrimoniale et architecturale fut d'ailleurs reconnue en 1985 par l'UNESCO, lorsque son arrondissement historique fut classé «Joyau du patrimoine mondial», une première en Amérique du Nord.

Le Vieux-Québec (Haute-Ville)

Cité administrative et institutionnelle, Québec se pare de couvents, de chapelles et de bâtiments publics dont la construction remonte parfois au XVIIe siècle. Elle est enserrée dans ses murailles, dominées par la Citadelle, qui lui confèrent le statut de place forte et qui, pendant longtemps, ont contenu son développement, favorisant une densité élevée de l'habitat bourgeois et aristocratique. Enfin, l'urbanisme pittoresque du XIXe siècle a contribué à lui donner son image actuelle par la construction d'édifices, comme le Château Frontenac, ou par l'aménagement d'espaces publics, telle la terrasse Dufferin, de style Belle Époque.

Le **Lieu historique national des Fortifications de Québec** *(100 rue St-Louis)*. Une première enceinte faite de terre et de pieux est érigée sur la face ouest de Québec en 1693. Ce mur primitif est remplacé par une enceinte de pierre, au moment où s'annoncent de nouveaux conflits entre la France et l'Angleterre. La construction débute en 1745, mais les travaux ne sont toujours pas terminés au moment de la prise de Québec en 1759. Ce sont les Britanniques qui achèveront l'ouvrage à la fin du XVIIIe siècle.

La **Citadelle** *(à l'extrémité de la côte de la Citadelle)*. Toujours en pleine activité, la Citadelle représente trois siècles d'histoire militaire en Amérique du Nord. L'histoire de la Citadelle débute en 1693, alors que l'ingénieur Dubois Berthelot de Beaucours fait ériger la redoute du cap aux Diamants au point culminant du système défensif de Québec, à quelque 100 m au-dessus du niveau du fleuve. Cet ouvrage solide se trouve de nos jours à l'intérieur du bastion du Roi. Tout au long du XVIIIe siècle, les ingénieurs français, puis britanniques, élaboreront des projets de citadelle qui demeureront sans suite. La citadelle, telle qu'elle apparaît au visiteur, fut édifiée entre 1820 et 1832. Surnommé «le Gibraltar de l'Amérique», l'ouvrage, conçu selon les principes élaborés par Vauban au XVIIe siècle, n'a jamais eu à essuyer le tir d'un seul canon, mais fut pendant longtemps un élément dissuasif important.

Le **Musée de la Citadelle** présente une intéressante collection d'armes, d'uniformes, de décorations et de documents officiels du XVIIe siècle à nos jours. Il est aussi possible de se joindre à une visite commentée de l'ensemble des installations et d'assister à la relève de la garde, à la retraite et aux tirs de canon.

La **terrasse Dufferin** fut créée en 1879 à l'instigation du gouverneur général du Canada, Lord Dufferin. Les kiosques et les lampadaires de fonte de cette large promenade en font une des principales attractions de la ville et le lieu des rendez-vous galants de la jeunesse québécoise. Elle offre un panorama superbe du fleuve, de la rive sud et de l'île d'Orléans. En hiver, une longue glissoire, réservée aux amateurs de toboggan, est aménagée dans sa portion occidentale.

Québec
Bassin Louise
Vieux-Port
rue de la Gare-du-Palais
rue Saint-André
rue Saint-Paul
rue des Remparts
rue Dalhousie
rue Bell
Prince de Galles
N
rue Saint-Jacques
rue Hébert
de l'Université
rue Saint-Flavien
rue Ferland
rue Sainte-Famille
rue Couillard
rue Charlevoix
côte du Palais
Parc de l'Artillerie
rue McMahon
rue Garneau
rue de la Fabrique
rue Port-Dauphin
rue Saint-Pierre
Parc Montmorency
Jardins de l'Hôtel-de-Ville
av. Chauveau
rue Saint-Jean
rue Saint-Stanislas
rue Cook
rue des Jardins
rue Sainte-Anne
Ancien Palais de Justice
Porte Saint-Jean
rue Dauphine
Terrasse Dufferin
Funiculaire
Donnacona
du Parloir
Porte Kent
rue d'Auteuil
rue Sainte-Ursule
rue Saint-Louis
Mont-Carmel
Parc des Gouverneurs
rue des Carrières
LÉVIS
avenue Sainte-Geneviève
Brébeuf
des Grisons
Laporte
Porte Saint-Louis
av. Saint-Denis
Grande-Allée Est
côte de la Citadelle
Fleuve Saint-Laurent
La Citadelle
boulevard Champlain
Promenade des Gouverneurs
Cap aux Diamants
av. Ontario
av. du Cap-Diamant
Parc des Champs-de-Bataille (Plaines d'Abraham)
0 100 200m
© ULYSSE

À l'extrémité est de la terrasse Dufferin se dressent deux monuments. Le premier fut élevé en 1898 à la mémoire de Samuel de Champlain, fondateur de Québec et père de la Nouvelle-France. Le second rappelle que le Vieux-Québec a été classé «Joyau du patrimoine mondial» par l'UNESCO en 1985. Notons qu'il s'agit de la première ville nord-américaine à paraître sur cette prestigieuse liste. Derrière le monument de Champlain se trouve l'entrée du funiculaire qui donne accès à la Basse-Ville.

Le **Château Frontenac** *(1 rue des Carrières)*. La vocation touristique de Québec s'affirme dès la première moitié du XIXe siècle. Ville romantique par excellence, elle attire très tôt de nombreux visiteurs américains désireux d'y retrouver un peu de l'Europe. En 1890, la compagnie ferroviaire du Canadien Pacifique décide d'implanter un réseau d'hôtels prestigieux à travers le Canada. Le premier de ces établissements à voir le jour est le Château Frontenac. Ce magnifique hôtel est l'ambassadeur du Québec le plus connu à l'étranger et le symbole de sa capitale. Il est devenu le modèle du style «national» du Canada, baptisé style Château. Il s'agit d'un croisement à grande échelle entre les manoirs écossais et les châteaux de la Loire. Pour mieux apprécier le château, il faut y pénétrer et parcourir l'allée centrale jusqu'au bar maritime, situé dans la grosse tour ronde qui donne sur le fleuve Saint-Laurent.

Un peu plus loin se trouve l'entrée de la pittoresque **rue du Trésor**, où les artistes et artisans vendent aux touristes des peintures et des dessins représentant la «vieille capitale».

Le **monastère des Ursulines** *(12 rue Donnacona)*. Les ursulines débarquent à Québec en 1639 et fondent dès 1641 leur monastère et leur couvent, où des générations de jeunes filles recevront une éducation exemplaire. Le couvent des Ursulines est aujourd'hui la plus ancienne maison d'enseignement pour filles en Amérique du Nord toujours en activité. On ne peut voir qu'une partie des vastes installations, où vivent encore quelques dizaines de religieuses. Ainsi, seuls le musée et la chapelle sont accessibles au public

La **cathédrale anglicane Holy Trinity** *(31 rue des Jardins)* a été édifiée après la Conquête par les nouveaux administrateurs anglais voulant marquer leur présence, et a modifié la silhouette de la ville, dont l'image française était jusque-là demeurée intacte. Il s'agit de la première cathédrale anglicane érigée hors des îles Britanniques et d'un bel exemple d'architecture coloniale anglaise, à la fois gracieuse et simple.

La **cathédrale catholique Notre-Dame** *(place de l'Hôtel-de-Ville)* de Québec est un livre ouvert sur les difficultés que rencontrèrent les bâtisseurs de la Nouvelle-France et sur la détermination des Québécois à travers les pires épreuves. On pourrait presque parler d'architecture organique, tant la forme définitive du bâtiment est le résultat de multiples campagnes de construction et de tragédies qui laissèrent l'édifice en ruine à deux reprises. La première église à occuper ce site fut érigée en 1632 à l'instigation de Samuel de Champlain, lui-même inhumé à proximité quatre ans plus tard. D'autre part, à l'intérieur de la cathédrale, un **spectacle son et lumière** *(☎ 418-692-3200)* retrace une page de l'histoire québécoise à l'aide d'effets spectaculaires projetés en trois dimensions sur trois écrans, le tout présenté de façon simultanée en français et en anglais.

Le **Séminaire** *(1 côte de la Fabrique, ☎ 418-692-2843)* constituait au XVIIe siècle un havre de civilisation au milieu d'une contrée rude et hostile. On en fit le centre nerveux du clergé dans toute la colonie, puisqu'en plus d'y former les futurs prêtres on y administrait les fonds des paroisses, et l'on y répartissait les curés. Affligé par les incendies et les bombardements, le Séminaire que l'on peut contempler de nos jours est le résultat de multiples chantiers. Des visites guidées partent du centre d'accueil situé au 2, côte de la Fabrique.

Le Vieux-Québec (Basse-Ville)

La Basse-Ville commerciale et portuaire du Vieux-Québec est une étroite bande de terre en forme de *U*, coincée entre les eaux du fleuve Saint-Laurent et l'escarpement du cap aux Diamants. Le berceau de la Nouvelle-France a été aux trois quarts détruite par les bombardements anglais à l'été de 1759. Il faudra 20 ans pour réparer et reconstruire les maisons. Le déclin des activités portuaires, au début du XXe siècle, a provoqué l'abandon graduel de la place Royale, que l'on a entrepris de restaurer en 1959.

Le **funiculaire** *(terrasse Dufferin, ☎ 418-692-1132)* fut mis en service dès novembre 1879. Il évite d'avoir à emprunter l'**escalier Casse-Cou** ou de faire le détour par la côte de la Montagne. À son pied s'allonge la **rue du Petit-Champlain**, étroite voie piétonne bordée de jolies boutiques d'artisans et d'agréables cafés, installés dans des maisons des XVIIe et XVIIIe siècles.

Le secteur de la **Place Royale**, le plus européen de tous les quartiers d'Amérique du Nord, rappelle un village du nord-ouest de la France. Le lieu est lourd de symboles, puisque c'est sur cet emplacement même que Québec a été fondée en 1608. Sous le Régime français, la Place Royale représentait le seul secteur densément peuplé d'une colonie vaste et sauvage, et c'est aujourd'hui la plus importante concentration de bâtiments des XVIIe et XVIIIe siècles en Amérique, au nord du Mexique. La Place elle-même occupe l'emplacement du jardin de l'«Abitation» de Champlain, sorte de château fort incendié en 1682, au même moment que toute la Basse-Ville. Sous le Régime français, la Place Royale attire de nombreux marchands et armateurs qui s'y font construire de belles demeures.

L'**église Notre-Dame-des-Victoires**, cette petite église sans prétention, est la plus ancienne qui subsiste au Canada. Sa construction a été entreprise en 1688 sur l'emplacement de l'«Abitation» de Champlain, dont elle a intégré une partie des murs. D'abord placée sous le vocable de l'Enfant-Jésus, elle est rebaptisée Notre-Dame-de-la-Victoire à la suite de l'attaque infructueuse de l'amiral Phipps en face de Québec (1690), puis Notre-Dame-des-Victoires en rappel de la déconfiture de l'amiral Walker, dont la flotte fit naufrage à l'île aux Œufs lors d'une tempête en 1711. L'église est restaurée en 1766, mais ne sera terminée qu'avec la pose du clocher actuel en 1861. La majeure partie du décor intérieur actuel fut exécuté entre 1854 et 1857.

Le **Musée de la Civilisation** (*85 rue Dalhousie, ☎ 418-643-2158)*, inauguré en 1988, évoque l'architecture traditionnelle de Québec à travers ses toitures et lucarnes stylisées ainsi que son campanile rappelant les clochers des environs. Ce musée de «société» présente dans 10 salles un ensemble d'objets reliés à la culture et à la vie quotidienne dans le Québec d'autrefois comme dans celui d'aujourd'hui. Les présentoirs hétéroclites et la quantité d'objets exposés pêle-mêle peuvent devenir rapidement étourdissants. Aussi est-il recommandé de sélectionner deux ou trois salles, dont l'intérêt paraît plus grand au visiteur, plutôt que d'essayer de tout voir d'un coup.

Empruntez la rue Dalhousie vers le nord-est, en direction du Vieux-Port.

Souvent critiqué pour son caractère trop nord-américain dans une ville à sensibilité tout européenne, le **Vieux-Port** *(160 rue Dalhousie)* a été réaménagé par le gouvernement du Canada à l'occasion de l'événement nautique «Québec 1534-1984».

Longez la jolie **rue Saint-Paul**, bordée de cafés à la mode et de boutiques d'antiquaires.

Le **Centre d'interprétation du Vieux-Port-de-Québec** *(100 rue St-André, ☎ 418-648-3300)*. À l'époque de la navigation à voile, Québec était une des principales portes d'entrée de l'Amérique, plusieurs navires ne pouvant affronter les courants contraires du fleuve, plus à l'ouest. Son port, très fréquenté, était entouré de chantiers navals importants dont l'existence était justifiée par l'abondance et la qualité du bois canadien. Ce centre d'interprétation traite plus particulièrement de cette période florissante de la navigation à Québec.

Le **Marché du Vieux-Port** *(à l'angle des rues St-Thomas et St-André)*, érigé en 1987, succède à deux marchés de la Basse-Ville aujourd'hui disparus. Il est agréable d'y flâner en été et de jouir des vues sur la marina du Bassin Louise, accolée au marché.

Pendant plus de 50 ans, les citoyens de Québec ont réclamé qu'une gare prestigieuse soit construite pour desservir leur ville. Leur souhait sera finalement exaucé par le Canadien Pacifique en 1915. Érigée dans le même style que le Château Frontenac, la **Gare du Palais** *(rue de la Gare)* donne au passager qui arrive à Québec un avant-goût de la ville romantique et pittoresque qui l'attend. La gare fut fermée pendant près de 10 ans (de 1976 à 1985), mais fut heureusement rouverte en grande pompe et rebaptisée «gare intermodale» puisqu'elle assure le transport des passagers par autocar ou par train avec VIA Rail.

La Grande-Allée

D'abord route de campagne reliant Québec au chemin du Roy, qui conduit vers Montréal, la voie était à l'origine bordée de grandes propriétés agricoles appartenant à la noblesse et aux communautés religieuses du Régime français. La Grande Allée est, de nos jours, la plus agréable des voies d'accès au centre-ville de Québec et constitue l'épine dorsale de la Haute-Ville hors les murs.

L'**Hôtel du Parlement** *(à l'angle de l'avenue Dufferin et de la Grande-Allée, ☎ 418-643-7239)* est mieux connu des habitants de Québec sous le nom d'«Assemblée nationale»; ce vaste édifice construit entre 1877 et 1886 est en effet le siège du Gouvernement. Il arbore un fastueux décor néo-Renaissance française, reflet de la particularité ethnique du Québec dans le contexte nord-américain. Vingt-deux bronzes de personnages marquants de la nation occupent les niches et les piédestaux de la façade principale. Une élévation annotée de la façade, placée à proximité de l'allée centrale, permet d'identifier ces figures. L'intérieur, véritable recueil iconographique de l'histoire du Québec, recèle de belles boiseries dorées, dans la tradition de l'architecture religieuse. Des verrières magnifiques aux accents Art nouveau ornent plusieurs fenêtres de l'Hôtel du Parlement.

Le **Musée du Québec** *(1 av. Wolfe-Montcalm, ☎ 418-643-2150)*. La visite de cet important musée permet de se familiariser avec la peinture, la sculpture et l'orfèvrerie québécoise, depuis l'époque de la Nouvelle-France jusqu'à aujourd'hui. Les collections d'art religieux provenant de plusieurs paroisses rurales du Québec sont particulièrement intéressantes. On y retrouve également des documents officiels dont l'original de la capitulation de Québec (1759).

Au rez-de-chaussée de l'Édifice Baillargé du Musée du Québec se trouve le **Centre d'interprétation du parc des Champs-de-Bataille nationaux** *(Édifice Baillargé, niveau 1, ☎ 418-648-4071)*, où l'on présente une reconstitution de la bataille des plaines d'Abraham ainsi que l'évolution des lieux par la suite.

Le **parc des Champs-de-Bataille**. Juillet 1759 : la flotte britannique, commandée par le général Wolfe, arrive devant Québec.

Le 13 septembre, à la faveur de la nuit, les troupes gravissent le cap aux Diamants, à l'ouest de l'enceinte fortifiée. Au matin, elles occupent les anciennes terres d'Abraham Martin, d'où le nom de «plaines d'Abraham», également donné au parc des Champs-de-Bataille. La surprise est grande en ville, où l'on attendait plutôt une attaque directe sur la Citadelle. Les troupes françaises, aidées de quelques centaines d'autochtones, se précipitent sur l'envahisseur. Les généraux français et britannique sont tués. La bataille se termine dans le chaos et dans le sang. La Nouvelle-France est perdue!

Le parc des Champs-de-Bataille, d'une superficie de 101 ha et créé en 1908, commémore cet événement en plus de donner aux Québécois un espace de verdure incomparable. La statue de Jeanne-d'Arc, entourée d'un beau jardin, honore la mémoire des soldats tués en Nouvelle-France au cours de la guerre de Sept Ans.

Les **tours Martello**, inventées par l'ingénieur du même nom, sont des ouvrages caractéristiques du système défensif britannique au début du XIXe siècle. La tour n° 1 (1808) est visible en bordure de l'avenue Ontario, et la tour n° 2 (1815) s'inscrit dans le tissu urbain à l'angle des avenues Laurier et Taché.

Les environs de Québec

Le **Parc de la chute Montmorency** *(☎ 418-663-2877)*. La rivière Montmorency, qui prend sa source dans les Laurentides, coule paisiblement en direction du fleuve, jusqu'à ce qu'elle atteigne une dénivellation soudaine de 83 m qui la projette dans le vide, donnant lieu à l'un des phénomènes naturels les plus impressionnants du Québec. Une fois et demie plus élevée que celle du Niagara, la chute Montmorency possède un débit qui atteint les 125 000 litres d'eau par seconde lors des crues printanières. Un parc a été aménagé, avec des points de vue au bas et en haut de la chute, afin de permettre l'observation de ce spectacle grandiose. En hiver, la vapeur d'eau cristallisée par le gel forme des cônes de glace nommés «pains de sucre», que les plus audacieux peuvent escalader.

Le mont Sainte-Anne, d'une hauteur de 800 m, fait du **Parc du Mont-Sainte-Anne** *(☎ 418-827-4561)* l'un des plus beaux sites pour le ski au Québec. On y dénombre pas moins de 50 pistes pouvant atteindre une dénivellation de 625 m, sans oublier une vue splendide et de bonnes conditions. Sont dignes de mention aussi ses sentiers de ski de randonnée et de vélo de montagne.

L'île d'Orléans

Cette île de 32 km sur 5 km, située au milieu du fleuve Saint-Laurent et en aval de Québec, est synonyme de vieilles pierres. C'est en effet, de toutes les régions du Québec, l'endroit le plus évocateur de la vie rurale en Nouvelle-France. Lorsque Jacques Cartier l'aborde en 1535, elle est couverte de vignes sauvages, d'où son premier nom d'«île Bacchus». Elle sera toutefois rebaptisée en hommage au duc d'Orléans quelque temps après. À l'exception de Sainte-Pétronille, les paroisses de l'île voient le jour au XVIIe siècle, entraînant une colonisation rapide de l'ensemble du territoire. On trouve à Saint-Jean le plus important manoir du Régime français encore existant, le **manoir Mauvide-Genest** (*1451 chemin Royal, ☎ 418-829-2630)*. Il a été construit en 1734 pour Jean Mauvide, chirurgien du Roi, et son épouse, Marie-Anne Genest. Le beau bâtiment en pierre, revêtu d'un crépi blanc, adopte le style traditionnel de l'architecture normande.

Sortir à Québec

En plus d'être une des plus belles voies d'entrée de la ville, la Grande-Allée est des plus animées. Beaucoup de ses vieilles maisons bourgeoises ont été aménagées en discothèques, bars ou restaurants avec terraces. Ainsi, le soir venu, vous pouvez investir un de ces endroits pour vous amuser un peu ou bien choisir de déambuler tranquillement sur ses trottoirs bondés. Le Vieux-Québec, ainsi que les quartiers Montcalm, Saint-Jean-Baptiste et, de plus en plus, Saint-Rock, se prêtent aussi aux soirées animées avec leurs multiples bars et cafés.

Le **Festival d'été international de Québec**, à la mi-juillet, présente une foule de spectacles de toutes les musiques du monde, en plein air, en salle ou dans des bars de spectacle. En hiver, au mois de février, le **Carnaval de Québec** attire les foules avec ses nombreuses activités récréatives.

LA GASPÉSIE

Avant même la découverte de l'Amérique, les Européens venaient pêcher dans les eaux du golfe du Saint-Laurent. Il ne reste plus de traces aujourd'hui des campements qu'ils ont établis sur la côte, mais on se prend à imaginer leur réactions devant ce continent inconnu et leurs rencontres inévitables avec les autochtones. Le circuit de la péninsule longe des falaises abruptes avant d'atteindre des zones plus clémentes, là même où Jacques Cartier a pris possession du Canada au nom du roi de France.

Grand-Métis

Grand-Métis bénéficie d'un microclimat qui attirait autrefois les estivants fortunés et qui a permis à l'horticultrice Elsie Reford d'y créer un jardin à l'anglaise où poussent plusieurs espèces d'arbres et de fleurs, introuvables ailleurs à cette latitude en Amérique. Les **Jardins de Métis** *(200 route 132, ☎ 418-775-2221)* constituent de nos jours le principal attrait de la région. En 1927, Elsie Stephen Meighen Reford hérite du domaine de son oncle, Lord Mount Stephen, qui avait fait fortune en investissant dans le chemin de fer transcontinental du Canadien Pacifique. Les Indiens Malécites ont baptisé l'endroit *Mitis*, qui signifie «petit peuplier», appellation qui s'est transformée en «Métis» avec les années.

Le **Musée de la Villa Reford** *(à l'intérieur des Jardins de Métis, ☎ 418-775-3165)* occupe une villa de 37 pièces où l'on retrouve un casse-croûte et un centre d'interprétation. Le jardin se divise en huit ensembles ornementaux distincts : le massif floral, les rocailles, le jardin des rhododendrons, l'allée royale, le jardin des pommetiers, le jardin des primevères, le Muret, qui domine la baie de Mitis, et le sous-bois, où l'on peut voir un regroupement de plantes indigènes.

Parc de la Gaspésie

Le **Parc de la Gaspésie** (*10 boul. Ste-Anne, Ste-Anne-des-Monts, ☎ 418-763-3301*), près de Sainte-Anne-des-Monts, s'étend sur une superficie de 800 km^2 et abrite les célèbres monts Chic-Chocs. Le parc se compose de zones de préservation réservées à la protection des éléments naturels de la région et de la zone d'ambiance, laquelle offre un réseau de routes et de sentiers ainsi que des lieux d'hébergement. Les monts Chic-Chocs sont la saillie la plus septentrionale de la chaîne appalachienne. Ils s'étendent sur plus de 90 km depuis Matane jusqu'au pied du mont Albert. Les monts McGerrigle se dressent perpendiculairement aux Chic-Chocs et couvrent plus de 100 km^2. Les sentiers traversent trois paysages étagés en se rendant jusqu'aux sommets des trois plus hauts monts de l'endroit, le mont Jacques-Cartier, le mont Richardson et le mont Albert. C'est le seul endroit au Québec où l'on retrouve à la fois des cerfs de Virginie (dans la riche végétation de la première strate), des orignaux (dans la forêt boréale) et des caribous (dans la toundra, sur les sommets). Les amateurs de la randonnée doivent s'enregistrer avant le départ.

Le long de la côte

Au-delà de La Marte, la côte devient beaucoup plus accidentée et abrupte. La route doit donc épouser le découpage en profondeur des baies et les avancées des caps aux escarpements dénudés. En plusieurs endroits, elle longe directement la mer, dont les vagues viennent lécher l'asphalte par «gros temps». Il est suggéré d'emprunter sur quelques kilomètres certaines des rares routes qui conduisent à l'intérieur des terres, à partir des villages, afin d'apprécier pleinement la rudesse des paysages et la force des rivières.

Vous traverserez ensuite Marsoui, Ruisseau-à-Rebours, Rivière-à-Claude, Mont-Saint-Pierre, où se trouvent des rampes de lancement de vol libre, et enfin un village au nom que l'on croirait tiré d'un roman peuplé de fantômes, L'Anse-Pleureuse.

Par la route 132, vous recontrerez aussi une foule de petits villages aux noms colorés tel que Gros-Morne, Manche-d'Épée, Pointe-à-la-Frégate ou l'Échouerie.

Parc national Forillon

Le thème du **Parc national Forillon** *(122 boul. Gaspé, Gaspé, ☎ 418-368-5505)* est «l'harmonie entre l'homme, la terre et la mer». Le parc abrite une faune assez diversifiée : renards, ours, orignaux, porcs-épics ainsi que d'autres mammifères y sont représentés en grand nombre. Plus de 200 espèces d'oiseaux y sont répertoriées, notamment le goéland argenté, le cormoran, le pinson, l'alouette et le fou de Bassan. À partir des sentiers du littoral, on peut apercevoir, selon les saisons, des baleines et des phoques. On peut même participer à une excursion dans le golf pour observer de plus près ces mamifères marins. Renseignez-vous au quai de Grande-Grave. Le parc dissimule aussi différentes plantes rares, qui aident à comprendre le passé du sol dans lequel elles poussent. On y retrouve donc non seulement des éléments naturels, mais aussi des rappels de l'activité humaine. Dans ce vaste périmètre de 245 km^2 se trouvaient autrefois quatre hameaux, dont les quelque 200 familles furent déplacées lors de la création du parc en 1970. Cette expropriation ne s'est d'ailleurs pas faite sans heurt. Les bâtiments les plus intéressants sur le plan ethnographique furent conservés et restaurés : une dizaine de **maisons de Grande-Grave**, le **phare de Cap-Gaspé**, l'**ancienne église protestante de Petit-Gaspé** et le **fort Péninsule**, partie du système défensif, mis en place lors de la Seconde Guerre mondiale, pour protéger le Canada contre les incursions des sous-marins allemands.

Gaspé

Après avoir contourné le cap Gaspé, on entre dans la baie du même nom. Le relief rude des falaises abruptes fait soudainement place à de doux vallons entrecoupés de rivières.

C'est ici qu'au début de juillet 1534 Jacques Cartier prend possession du Canada au nom du roi de France, François 1er. Il faut cependant attendre le début du XVIIIe siècle avant que ne soit implanté le premier poste de pêche à Gaspé, et la fin du même siècle, pour voir apparaître un véritable village à cet endroit. La ville de Gaspé est, de nos jours, la principale agglomération de la péninsule gaspésienne ainsi que son centre administratif. Elle forme un long et étroit ruban qui épouse les contours de la baie.

Le **Musée de la Gaspésie** *(80 boul. Gaspé, ☎ 418-368-5710)* fut érigé en 1977, à l'initiative de la société historique locale, sur la pointe Jacques-Cartier, dominant la baie de Gaspé. Il s'agit d'un musée d'histoire et de traditions populaires où l'on présente une exposition permanente sur la Gaspésie, des premiers occupants amérindiens de la tribu micmaque jusqu'aux habitants actuels, intitulée «Un peuple de la mer». Des expositions temporaires complètent la vocation de l'institution.

La **cathédrale du Christ-Roi** *(20 rue de la Cathédrale)*, seule cathédrale en bois d'Amérique du Nord, a été érigée en 1968 sur les fondations de la basilique, entreprise en 1932 pour commémorer le quatrième centenaire de l'arrivée de Jacques Cartier en sol canadien, mais jamais terminée, faute de fonds.

L'**Ash Inn** *(188 rue de la Reine)*. Cette ancienne demeure construite en 1885 pour le docteur William Wakeham, célèbre explorateur de l'Arctique, est une des seules maisons en pierre du XIXe siècle de toute la Gaspésie.

En quittant Gaspé, on reprend la route 132 en direction de Percé. On longe alors le côté sud de la baie de Gaspé, où se trouvent de charmants villages aux origines anglo-saxonnes et protestantes. Il s'agit soit de petites communautés de loyalistes américains, soit de communautés d'immigrants britanniques. L'implantation dans ces lointaines contrées, à la fin du XVIIIe siècle, d'une population dont la fidélité au roi d'Angleterre ne faisait aucun doute était voulue par le gouvernement colonial britannique, qui espérait ainsi consolider son emprise aux quatre coins du Québec et favoriser une assimilation rapide de la population canadienne-française.

Parmi ces villages, on remarquera plus particulièrement **Barachois** et **Cape Cove**. Entre ces villages se dresse le **fort Prével**, aménagé lors de la Seconde Guerre mondiale. Il fut transformé en hostellerie par le gouvernement du Québec à la fin du conflit, mais a conservé les énormes canons qui pointent toujours en direction du large.

Percé

Célèbre centre de tourisme, Percé occupe un site admirable, malheureusement quelque peu altéré par une industrie hôtelière débridée. Le décor naturel grandiose présente plusieurs phénomènes naturels différents dans un périmètre restreint, le principal étant le fameux rocher Percé, qui est au Québec ce que le Pain de Sucre est au Brésil.

Au XVIIe siècle, la famille Denys y a établi un camp de pêche saisonnier que fréquentaient les pêcheurs français et basques. Elle succédait ainsi aux Amérindiens, pour qui Percé avait déjà été un important point de rassemblement. En 1781, le puissant marchand jersiais Charles Robin fonde un établissement de pêche dans l'Anse du Sud. Des loyalistes, des Irlandais et des immigrants de Guernesey s'ajoutent alors à la population canadienne-française. À cette époque, la population sédentaire demeure très faible, par comparaison à la population saisonnière qui travaille dans les frêles bâtiments de Robin. Percé est d'ailleurs le principal port de pêche sur la côte du Québec pendant tout le XIXe siècle. L'industrie touristique prend la relève au XXe siècle, surtout après l'ouverture de la route 132 en 1929, mais le caractère saisonnier et précaire de la vie à Percé demeure.

En arrivant à Percé, l'œil est attiré par le célèbre **rocher Percé**, véritable muraille, longue de 400 m et haute de 88 m à sa pointe extrême. Son nom lui vient des ouvertures cintrées, entièrement naturelles, à la base de la paroi. Une seule des deux ouvertures subsiste, depuis l'effondrement de la partie est du rocher au milieu du XIXe siècle. Il est possible d'en faire le tour à marée basse *(s'informer des heures et de la durée au préalable)*, depuis la plage du mont Joli, afin d'admirer le paysage grandiose des environs et d'observer les milliers de fossiles enfermés dans le calcaire. En été, des biologistes sont sur place pour fournir des explications sur la faune et la flore.

L'**église Saint-Michel** *(57 rue de l'Église)*. Construite avec la pierre locale d'une belle teinte rosée, l'église catholique de Percé a été dessinée en 1898 par l'architecte Joseph Venne de

Montréal, dans une manière éclectique et hautement pittoresque qu'il affectionnait. Il s'agit de l'une des seules églises en pierre de la Gaspésie et de la plus vaste d'entre elles.

Le **Musée Le Chafaud** *(145 rue Principale, ☎ 418-782-5100)* est aménagé dans la plus grande des constructions formant les installations de Charles Robin, à Percé. Le «chafaud» était un bâtiment dans lequel on transformait et entreposait le poisson. On y présente de nos jours une exposition sur le patrimoine local, ainsi que diverses activités liées aux arts visuels.

Le **Parc de l'Île-Bonaventure-et-du-Rocher-Percé** *(4 rue du Quai, Gaspé, ☎ 418-782-2240)* abrite d'importantes colonies d'oiseaux et compte plusieurs maisons rustiques le long de ses nombreux sentiers de randonnée. La longueur des sentiers varie de 2,8 km à 4,9 km et couvre un total de 15 km. Vu l'absence de milieu humide, il n'y a pas d'insectes piqueurs sur l'île. Toutefois, veillez à emporter votre gourde, car aucun point d'eau n'est présent le long des sentiers, qui aboutissent tous à la formidable réserve ornithologique, où environ 200 000 oiseaux, dont quelque 55 000 fous de Bassan, constituent une véritable exhibition faunique.

La baie des Chaleurs

En 1604-1606, le sieur de Monts et Samuel de Champlain fondent les établissements de l'île Sainte-Croix et de Port-Royal, peuplés de colons poitevins qui seront à l'origine du développement de l'Acadie, vaste colonie correspondant aux territoires actuels de la Nouvelle-Écosse, de l'île du Prince-Édouard et du Nouveau-Brunswick. En 1755, au cours de la guerre de Sept Ans, les Britanniques traquent et capturent les Acadiens, qu'ils déportent ensuite vers de lointaines contrées. Plusieurs de ceux qui n'auront pas péri au cours du voyage tenteront de revenir sur leurs terres, malheureusement confisqués et octroyées à de nouveaux colons britanniques. Certains s'installeront alors au Québec, plus particulièrement dans la baie des Chaleurs. Paradoxalement, des immigrants irlandais, écossais et anglais viendront bientôt les y rejoindre dans une paix relative, créant un damier de villages tantôt français, tantôt anglais. Voici quelques-unes de ces villes.

Pabos Mills

Dirigez-vous vers la municipalité de Pabos Mills, où l'on effectue des fouilles archéologiques sur le site du **poste de pêche de Pabos**, en activité de 1729 à 1758. Il représente un des très rares efforts de peuplement permanent en Gaspésie sous le Régime français. Sur l'**île Beauséjour**, au centre de la baie de Pabos, se trouvent les **vestiges archéologiques du manoir de Bellefeuille**, érigé au XVIIIe siècle pour cette famille de seigneurs aventuriers, active de Terre-Neuve jusqu'au cap Breton.

Paspébiac

Le **Site historique du Banc-de-Paspébiac** *(route du Banc, ☎ 418-752-6229)*. Un «banc» est une langue de sable et de gravier propice au séchage du poisson. Combiné à un port naturel profond et bien protégé, le banc de Paspébiac se prêtait admirablement bien au développement d'une véritable industrie de la pêche. En 1964, il subsistait encore sur le banc quelque 70 bâtiments des entreprises Robin et Le Boutillier. Cette année-là, un incendie en détruisit cependant la majeure partie. Seuls huit bâtiments sont parvenus jusqu'à nous; ils ont été soigneusement restaurés et ouverts au public. On présente, dans certains de ces bâtiments, des expositions thématiques consacrées à la construction navale, le commerce international du poisson et l'histoire des entreprises de Jersey. Une boutique et un restaurant où l'on sert des mets typiques s'ajoutent à l'ensemble.

New Carlisle

La région de New Carlisle fut colonisée par des loyalistes américains qui s'y fixèrent à la suite de la signature du traité de Versailles, reconnaissant l'indépendance des États-Unis en 1783. Le coquet village, doté de quatre églises de diverses dénominations, n'est pas sans rappeler ceux de la Nouvelle-Angleterre. Il faut faire le tour des trois églises protestantes, qui sont la fierté des gens de New Carlisle. Elles sont distribuées le long de la route 132, qui devient la «rue Principale» au centre du village.

Bonaventure

Des Acadiens réfugiés à l'embouchure de la rivière Bonaventure (l'une des meilleures rivières à saumon en Amérique) ont fondé le village du même nom à la suite de la chute de Restigouche aux mains des Britanniques en 1760. Aujourd'hui, Bonaventure est un des bastions de la culture acadienne dans la baie des Chaleurs, en plus d'accueillir une petite station balnéaire qui bénéficie à la fois d'une plage sablonneuse et d'un port en eau profonde.

On estime qu'un million de Québécois sont d'origine acadienne. Le **Musée acadien du Québec** *(97 av. Port-Royal, ☎418-534-4000)* retrace le périple des Acadiens du Québec et d'ailleurs en Amérique. Le musée est installé dans l'ancienne salle paroissiale de Bonaventure, vaste édifice en bois peint de bleu et de blanc qui date de 1914.

La **Grotte de Saint-Elzéar** *(198 rue de l'Église, St-Elzéar, ☎ 418-534-4335)* vous fera découvrir 500 000 années d'histoire gaspésienne. À travers ce voyage spéléologique et géomorphologique, vous aurez l'occasion de visiter les deux plus grandes salles souterraines du Québec. Des vêtements chauds et une bonne paire de chaussures sont requis, car la température se maintient à 4 °C.

New Richmond

Les premiers colons anglais de la Gaspésie s'installent ici au lendemain de la conquête de 1760. Ils seront bientôt rejoints par des loyalistes, puis par des immigrants écossais et irlandais. Cette forte présence anglo-saxonne se traduit dans l'architecture de la ville aux rues proprettes, ponctuées de petites églises protestantes de diverses dénominations.

Avant d'entrer dans la ville, on trouvera, du côté la gauche, le **Centre d'interprétation de l'héritage britannique en Gaspésie** (*351 boul. Perron Ouest, ☎ 418-392-4487)*. Celui-ci est situé sur la pointe Duthie; ce centre regroupe des bâtiments de la baie des Chaleurs, sauvés de la démolition et transportés sur le site de l'ancien domaine Carswell. Ils ont été restaurés afin d'accueillir des expositions thématiques portant sur les différents arrivants de culture anglo-saxonne en Gaspésie.

Au centre de la ville se trouve une des plus anciennes églises de la baie des Chaleurs : l'**église St. Andrew** *(211 boul. Perron Ouest)*, construite en 1839.

Carleton

Tout comme Bonaventure, Carleton est un important centre de la culture acadienne au Québec, ainsi qu'une station balnéaire dotée d'une belle plage de sable. Les montagnes qui s'élèvent derrière la ville contribuent à lui donner un cachet particulier. Près du sommet du **mont Saint-Joseph** se trouve l'**oratoire Notre-Dame** (1924), décoré de mosaïques et de verrières.

Le **centre de thalassothérapie Aqua-Mer** *(en retrait de la route 132, 868 boul. Perron, ☎ 418-364-7055 ou 1-800-463-0867)* propose des demi-journées de soins ou des forfaits incluant les repas et l'hébergement. Vous pourrez y profiter, entre autres, de menus santé, de massages, d'algothérapie ou d'application de boues minérales ou marines.

Nouvelle

Le **Parc de Miguasha** *(231 Miguasha Ouest, Nouvelle, ☎ 418-794-2475)* intéressera les amateurs de paléontologie, mais aussi tous les voyageurs, car il s'agit du deuxième site fossile en importance du monde. Le **Musée paléontologique**, construit dans le parc et rénové en 1991, expose les fossiles découverts dans les falaises environnantes qui constituaient le fond d'une lagune il y a 370 millions d'années. Au laboratoire, vous découvrirez les méthodes utilisées pour dégager les fossiles et les identifier.

LE NORD DU QUÉBEC EN TRAIN

En faisant abstraction du Grand Nord, on parle généralement de l'Abitibi-Témiscamingue comme du Nord du Québec. Des centaines de lacs et de rivières, la forêt à perte de vue et un relief de hauts plateaux relativement peu prononcé en font un lieu idéal pour pratiquer une foule d'activités de plein air. La région est traversée par la ligne démarquant les eaux de la vallée du Saint-Laurent de celles de la Baie-James, et c'est d'ailleurs ce que le mot *Abitibi* signifie en langue algonquine : «ligne de partage des eaux». Le circuit suivi par le train qui se rend en Abitibi-Témiscamingue traverse successivement différentes régions touristiques de la province telles que Lanaudière, Mauricie–Bois-Francs et le Saguenay–Lac-Saint-Jean. Des diverses villes qu'on retrouve sur son parcours, en voici quelques-unes des plus intéressantes.

L'Assomption

Cette petite ville a grandi de part et d'autre d'un portage établi en 1717 dans un méandre de la rivière L'Assomption. Ce sentier, parcouru par les voyageurs portant leur embarcation permettait d'éviter un détour de 5 km par la rivière. D'abord baptisée simplement «Le Portage», l'agglomération constituait un carrefour sur la route du Nord, fréquentée par les trappeurs et les commerçants de fourrures.

La proximité des moulins à carder de Terrebonne et les fréquentes visites des coureurs des bois amenèrent les femmes de L'Assomption à confectionner une ceinture de laine portée par les Canadiens français pour se distinguer des Écossais, nombreux au sein de la Compagnie du Nord-Ouest. Ainsi est née la célèbre ceinture fléchée, l'un des symboles du Québec.

Joliette

Au début du XIXe siècle, le notaire Barthélemy Joliette (1789-1850) ouvre de grands chantiers d'exploitation forestière dans la portion nord de la seigneurie de Lavaltrie, encore vierge. Parmi les autres projets ambitieux menés à bien par le notaire Joliette, il faut mentionner la construction du premier chemin de fer appartenant à des intérêts canadiens-français.

De nos jours, Joliette est un important centre de services pour l'ensemble de Lanaudière. On y trouve un évêché ainsi que deux institutions culturelles de renom, le **Musée d'art de Joliette** et l'**Amphithéâtre**, où se tient en partie, au mois de juillet et d'août, le célèbre **Festival international de Lanaudière**, un festival de musique classique et populaire.

Shawinigan

Shawinigan fut la première ville du Québec a se doter d'un plan d'aménagement urbain, et ce, dès 1900. La ville recèle donc de multiples édifices du premier tiers du XXe siècle à l'architecture fort intéressante.

La **centrale hydroélectrique Shawinigan 2** *(rue Cascade, ☎ 819-694-3801 ou 536-8715)*. La Shawinigan Water and Power a choisi ce site à cause de la présence d'un fort courant sur la rivière Saint-Maurice et de la proximité de chutes, hautes de 50 m. Cette centrale, d'inspiration Renaissance italienne, ainsi que son complément Art déco, peuvent être visités.

Grand-Mère

Un rocher dont le profil est semblable à celui d'une vieille femme est à l'origine du nom de la ville. Autrefois situé sur un îlot au milieu de la rivière Saint-Maurice, il a été déplacé morceau par morceau, dans un parc, au centre de Grand-Mère, lors de la construction du barrage et de la centrale hydroélectrique en 1913. La ville présente de nombreux bâtiments à l'architecture soignée, réalisés pour les entreprises de pâtes et papiers par des architectes de talent venus de l'extérieur.

Parc national de la Mauricie

Le **Parc national de la Mauricie** *(Grand-Mère, ☎ 819-536-2638)* constitue un site parfait pour s'adonner à diverses activités de plein air, comme le canot, la randonnée pédestre, le vélo de montagne, la raquette et le ski de fond. Ses forêts dissimulent plusieurs lacs et rivières, ainsi que diverses richesses naturelles.

Les pourvoiries

Pour profiter pleinement des richesses qu'offre la nature, le séjour en pourvoirie est idéal. Sur un territoire plus au moins important regorgeant de lacs et de forêts, elles mettent à votre disposition des installations permettant de pratiquer la chasse et la pêche ainsi que diverses activités de plein air. Certaines pourvoiries vous fourniront un petit chalet rustique, d'autres vous accueilleront dans une auberge douillette proposant une cuisine élaborée. Le Nord-du-Québec compte plusieurs pourvoiries; voici quelques adresses.

Le **Club Odanak La Tuque**, au lac Castor *(C.P. 638, La Tuque, G9X 3P5, ☎ et ⇄ 819-523-8420).*

La **Seigneurie du Triton** à Lac-à-la-Croix *(1595 de l'Islet, Québec, G2K 2G7, ☎ et ⇄ 819-653-2509 ou ☎ 418-648-0772).*

La **Pourvoirie Chez Farrar**, à McTavis *(1330 Bienville, Auteuil, Laval, H7H 2Z8, ☎ 514-625-5355, ⇄ 625-2468).*

La **Pourvoirie du Lac Oscar**, au lac Flamand *(1330 Bienville, Auteuil, Laval, ☎ 514-625-5355, ⇄ 625-2468).*

La Tuque

Cet ancien poste de traite des fourrures doit son existence, comme Shawinigan et Grand-Mère, à sa chute d'eau et à ses grands territoires boisés, qui accueillirent bientôt une centrale hydroélectrique et une usine de pâte à papier. Une colline en forme de bonnet est à l'origine de son nom. La Tuque est aussi le point de départ de plusieurs excursions en pleine nature.

Hébertville

Ce village est considéré comme le berceau du Lac-Saint-Jean. On y retrouve la seule concentration de demeures québécoises traditionnelles de toute la région. On remarquera notamment le **moulin à scie de 1851**, raison d'être du village, qui trône toujours près de la rivière des Aulnaies.

Jonquière

En 1847, la Société des défricheurs du Saguenay obtient l'autorisation de s'implanter en bordure de la rivière aux Sables. Le nom de «Jonquière» est choisi en souvenir de l'un des gouverneurs de la Nouvelle-France. De nos jours, Jonquière est considérée comme une ville essentiellement moderne, dominée par son usine d'aluminium Alcan. Elle est reconnue pour ses visites industrielles.

Amos

À l'été de 1912, les premiers colons de l'Abitibi s'installent sur les bords de la rivière Harricana, après un voyage épuisant. Ils fondent un village qu'ils baptisent «Amos», du nom de l'épouse du premier ministre du Québec à l'époque, sir Lomer Gouin. Le premier village de cabanes rustiques, bâties avec le bois coupé pour défricher le site, fait rapidement place à une ville moderne. Amos a été le point de départ de la colonisation de l'Abitibi. Elle en est toujours le centre administratif et religieux.

Le **Refuge Pageau** *(rang 10, ☎ 819-732-6875 ou 732-8999)* recueille les animaux blessés, les soigne et, une fois ces bêtes guéries, les remet en liberté. En automne, vous pourrez être témoin du magnifique spectacle des oiseaux migrateurs qui s'arrêtent au refuge. Outre les ours et les loups, on y retrouve des renards, des ratons, des hiboux et plusieurs autres représentants de la faune québécoise.

Senneterre

Senneterre a été érigée sur le bord de la rivière Bell, entre autres grâce à la présence du chemin de fer Transcontinental. Celui-ci, ainsi que les industries forestières et militaires, sont d'ailleurs mis en valeur par trois sculptures qui se dressent à l'entrée de la ville et qui rappellent les trois principaux moteurs de son développement. La ville est aussi le point de départ de plusieurs excursions de ski de fond et de motoneige. La région est riche en pourvoiries.

ONTARIO

Les Grands Lacs, ces formidables nappes d'eau douce bordées d'une nature généreuse et indomptée, forment la première image qui se présente à l'esprit quand on évoque l'Ontario. Puis, ce sont les vastes champs fertiles, au bout desquels se dressent les maisons de ferme coquettement ornées d'un balcon, de volets et de fleurs. Enfin, il y a encore ces minuscules hameaux, pourtant constitués de splendides demeures qui veillent sur la région depuis parfois plus de 150 ans, ainsi que ces villes au patrimoine architectural inestimable, silencieux témoins de la prospérité de cette province, la plus riche du Canada. L'Ontario rural a certes de quoi ravir les âmes romantiques en mal de tranquillité et des temps passés, mais cette province possède également un visage éminemment moderne et urbain : n'y trouve-t-on pas Ottawa, la capitale fédérale, et Toronto, la métropole canadienne?

Avec ses quelque 1 068 000 km² de territoire, la province de l'Ontario est la deuxième province canadienne en termes de superficie (derrière le Québec). Elle est bordée à l'est par le Québec, à l'ouest par le Manitoba, au nord par la baie d'Hudson et au sud par les États-Unis. Une partie de sa frontière sud et sud-ouest est marquée par le 49e parallèle, l'autre partie étant délimitée par le fleuve Saint-Laurent et par les lacs Ontario, Érié, Huron et Supérieur, ces nappes d'eau qui permettent un accès facile à tous les coins du territoire ontarien et qui furent à l'origine du peuplement de la province.

LA GÉOGRAPHIE

Tom Thomson et le Groupe des Sept ont bien su saisir toute la beauté de la nature ontarienne dans des toiles telles que ***Le pin***, où sont révélés des paysages encore sauvages d'où émerge un sentiment de solitude et de sérénité.

Ces panoramas typiques du Bouclier canadien sont un des visages de cette province qui vous sera donné de découvrir au gré de vos balades. L'Ontario possède également un autre visage, moins vallonné, composé de vastes plaines fertiles et de lacs dont certains comptent parmi les plus grands du monde.

Le Bouclier canadien

Le Bouclier canadien s'allonge en demi-cercle autour de la baie d'Hudson, du Québec aux Territoires du Nord-Ouest, et recouvre une bonne partie du territoire ontarien. Ce vaste bouclier de roche, formé à l'époque précambrienne, a été façonné par le temps. Les glaciers ont mis à nu les rochers, faisant place aux lits des rivières et aux lacs, ainsi qu'à de petits monts qui n'atteignent jamais plus d'une centaine de mètres. De plus, bien que la forêt qui recouvre toutes ces terres a permis le développement d'industries prospères, le sous-sol s'est révélé être d'une fabuleuse richesse, des gisements miniers, entre autres d'or, d'argent et de nickel, y ayant été découverts.

La forêt

Très peu peuplé, le Bouclier canadien est en majeure partie recouvert par la forêt, qui se transforme du sud au nord. Le sud-ouest de l'Ontario, dans la région de Hamilton, à la limite du Bouclier canadien, est garni d'une **forêt à feuilles caduques**, dont les essences principales sont l'érable, le hêtre, l'orme, le chêne et le frêne.

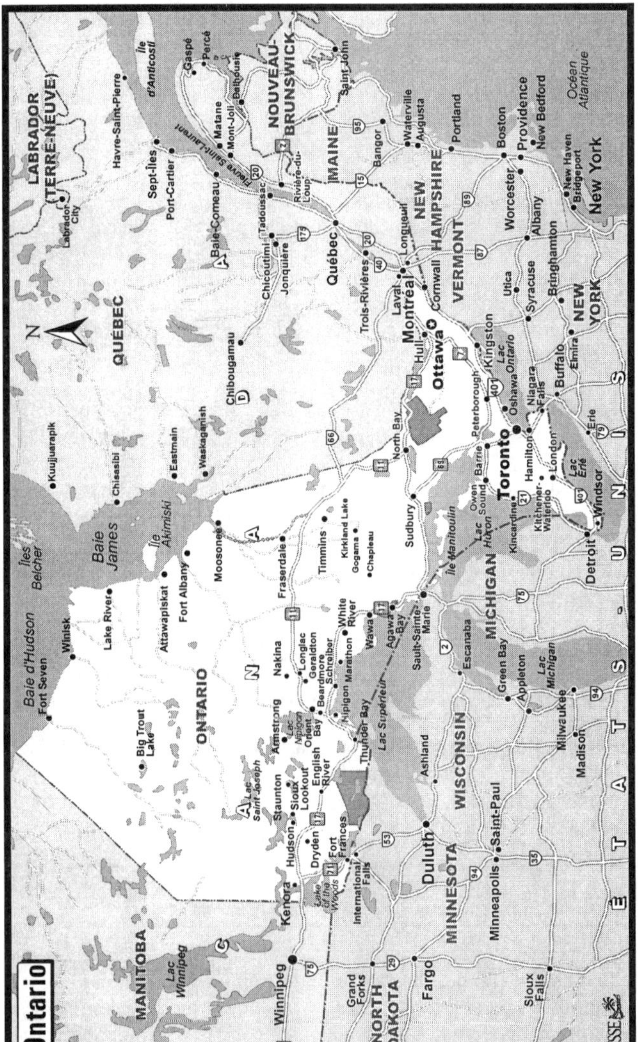
L'Ontario
MANITOBA
Lac Winnipeg
Winnipeg
ONTARIO
QUÉBEC
LABRADOR (TERRE-NEUVE)
NOUVEAU-BRUNSWICK
MAINE
NEW HAMPSHIRE
VERMONT
NEW YORK
MICHIGAN
WISCONSIN
MINNESOTA
NORTH DAKOTA
ÉTATS-UNIS
Baie d'Hudson
Baie James
Îles Belcher
Île Akimiski
Île d'Anticosti
Fleuve Saint-Laurent
Lac Supérieur
Lac Michigan
Lac Huron
Lac Érié
Lac Ontario
Île Manitoulin
Lac Nipigon
Lac Saint-Joseph
Lake of the Woods
Océan Atlantique
Fort Seven
Winisk
Lake River
Attawapiskat
Fort Albany
Moosonee
Big Trout Lake
Kenora
Dryden
Hudson
Sioux Lookout
Staunton
Armstrong
Nakina
Longlac
Geraldton
Beardmore
Schreiber
Nipigon
Marathon
Thunder Bay
Fort Frances
International Falls
English River
Orient Bay
Fraserdale
Timmins
Kirkland Lake
Gogama
Chapleau
White River
Wawa
Agawa Bay
Sault-Sainte-Marie
Sudbury
North Bay
Ottawa
Hull
Montréal
Laval
Cornwall
Kingston
Peterborough
Oshawa
Toronto
Barrie
Owen Sound
Hamilton
Niagara Falls
Kitchener-Waterloo
Kincardine
London
Windsor
Detroit
Buffalo
Erie
Elmira
Syracuse
Utica
Binghamton
Albany
Worcester
Boston
Providence
New Bedford
New Haven
Bridgeport
New York
Portland
Augusta
Waterville
Bangor
Saint John
Longueuil
Trois-Rivières
Québec
Chicoutimi
Jonquière
Tadoussac
Rivière-du-Loup
Baie-Comeau
Matane
Mont-Joli
Bathurst
Gaspé
Percé
Port-Cartier
Sept-Îles
Havre-Saint-Pierre
Labrador City
Chibougamau
Waskaganish
Eastmain
Chisasibi
Kuujjuarapik
Duluth
Ashland
Escanaba
Green Bay
Appleton
Milwaukee
Madison
Saint-Paul
Minneapolis
Fargo
Grand Forks
Sioux Falls
© ULYSSE

Très vite, la forêt à feuilles caduques cède le pas à une **forêt mixte**, où s'entremêlent les feuillus, notamment l'érable et le tremble, et les conifères, entre autres le sapin baumier, le mélèze et le pin de Banks. Elle s'étend le long de la vallée du Saint-Laurent jusqu'aux limites du moyen Nord (région de Sudbury et de Thunder Bay).

Encore plus vers le nord, les feuillus vont peu à peu se raréfier, les conifères (pin à feuilles tordues, pin gris, mélèze larcin, épinette et sapin baumier) dominant dès lors la forêt boréale. Cette forêt toujours verte, qui débute aux frontières du moyen Nord, va à son tour, en raison de la rigueur du climat du nord de la province, faire place à une végétation plus chétive, soit la forêt boréale de transition.

Le rude climat de l'extrême nord de la province, marqué par des hivers longs et très froids, et des étés courts (moins de 120 jours sans gel) aux pluies peu abondantes, ne permet qu'à une végétation rabougrie de se développer. Sur une petite parcelle du territoire domine la toundra, où poussent seulement des arbres miniatures, des lichens et des mousses.

L'agriculture

La plaine du Saint-Laurent et l'extrême sud-ouest de la province sont le grenier de l'Ontario; dans ces plaines fertiles et propices à l'agriculture, on cultive notamment le blé, le maïs, le tabac et les légumes. Un microclimat bien particulier favorise en outre la région de Niagara, des vergers (pêches, cerises) ainsi que des vignes y étant exploités.

Les lacs

L'Ontario s'enorgueillit d'avoir pour frontières sud et sud-ouest quatre des cinq Grands Lacs, à savoir les lacs Ontario, Érié, Huron et Supérieur. Ces formidables nappes d'eau douce sont d'une taille appréciable, le plus petit, le lac Ontario, s'étendant sur pas moins de 18 000 km², et le plus grand, qui est aussi le plus grand lac d'eau douce au monde, le lac Supérieur, ayant une superficie de 82 700 km². Ils furent formés lors du retrait des glaciers à l'ère quaternaire. Ces lacs sont la source du Saint-Laurent, fleuve majestueux qui traverse une partie du sud de la province et le Québec pour aller se jeter dans l'océan Atlantique. Outre les Grands Lacs, l'Ontario compte environ 400 000 lacs et rivières, qui ont joué un rôle marquant dans l'histoire de la province; car, en plus d'avoir fourni la nourriture essentielle aux nations autochtones, ils ont été les principales voies de pénétration du territoire.

OTTAWA

Avec la construction du canal Rideau en 1832, est érigé un petit village, au confluent des rivières Rideau et des Outaouais, qui est nommé «Bytown» en l'honneur du général By, instigateur de ces travaux. Quelques années plus tard, en 1855, le nom de la ville de Bytown est changé pour celui d'«Ottawa», en mémoire de la tribu amérindienne des Outaouais (*Ottawa*, en anglais), décimée par les Iroquois au XVIIe siècle. Ce nom est également donné à la rivière qui délimite la frontière du Québec et de l'Ontario.

La ville s'épanouit essentiellement en raison de la dense forêt qui l'entoure, dont l'exploitation fait vivre nombre d'habitants. Deux quartiers bien distincts se développent de chaque côté du canal Rideau, la haute ville, du côté ouest, où les notables se font construire de somptueuses demeures, et la basse ville, du côté est, où s'établissent les habitants pauvres de la ville, essentiellement les communautés francophones et irlandaises, toutes deux catholiques. Le canal Rideau, pour sa part, ne servira cependant jamais en temps de guerre, comme le prévoyait sa vocation première, car, après 1812, les troupes américaines n'ont plus attaqué le Canada. Il sert désormais aux plaisanciers durant les belles journées d'été.

Au milieu du XIXe siècle, Kingston est désignée capitale du Haut-Canada et du Bas-Canada, mais la proximité des États-Unis fait craindre aux autorités d'éventuelles attaques et la difficulté de défendre ce point clé pour l'administration des colonies. Aussi cherchent-t-elles à trouver un meilleur emplacement pour la capitale. Des négociations ont alors lieu, car tant Toronto, Québec, Montréal qu'Ottawa revendiquent ce titre. C'est la reine Victoria qui tranche en 1857, en faveur d'Ottawa, car cette ville est située à la frontière du Haut-Canada et du Bas-Canada. Certains observateurs d'alors se jouent de ce choix, car ils jugent le site, au beau milieu d'une forêt, peu approprié pour l'établissement d'une capitale. Toujours est-il qu'Ottawa demeure la capitale, même au moment de la signature de l'Acte confédératif de 1867, et elle a depuis toujours conservé sa vocation.

Les trains Via arrivent et partent de la gare située au :
260 Tremblay Street
☎ 613-244-8289.

Autour du Parlement

Les **édifices du Parlement** *(colline du Parlement, ☎ 613-996-0896)*. En 1860 débute la construction des bâtiments du Parlement, siège du gouvernement fédéral, qui vient de désigner Ottawa pour capitale. Érigé sur une falaise haute de 50 m et surplombant le canal Rideau et la rivière des Outaouais, le parlement comprend trois édifices de style gothique. Le **bâtiment central** est surmonté d'une tour qui s'élève à près de 90 m, la **tour de la Paix**, terminée en 1927 et ainsi dénommée en souvenir de la fin de la Première Guerre mondiale. Il abrite le Sénat et la Chambre des communes, où loge le gouvernement fédéral. À l'arrière du bâtiment central, vous apercevrez la superbe **bibliothèque du Parlement**, conçue selon un plan octogonal et constituant la seule portion du bâtiment d'origine.

Le bâtiment central est flanqué des deux autres bâtiments qui composent cet ensemble. Le bâtiment du côté est, datant du XIXe siècle, renferme les bureaux des sénateurs et des membres du Parlement. Cependant, à l'origine, il fut construit pour recevoir les «services civils du Canada». Une visite guidée offerte gratuitement vous fera voir, entre autres, les bureaux qui furent jadis occupés par John A. Macdonald et par George-Étienne Cartier (et par les premiers ministres leur ayant succédé, de Laurier à Trudeau). S'y trouvent également le bureau du gouverneur général et la Chambre du conseil privé.

Des visites guidées du bâtiment central et du bâtiment du côté est sont offertes gratuitement.

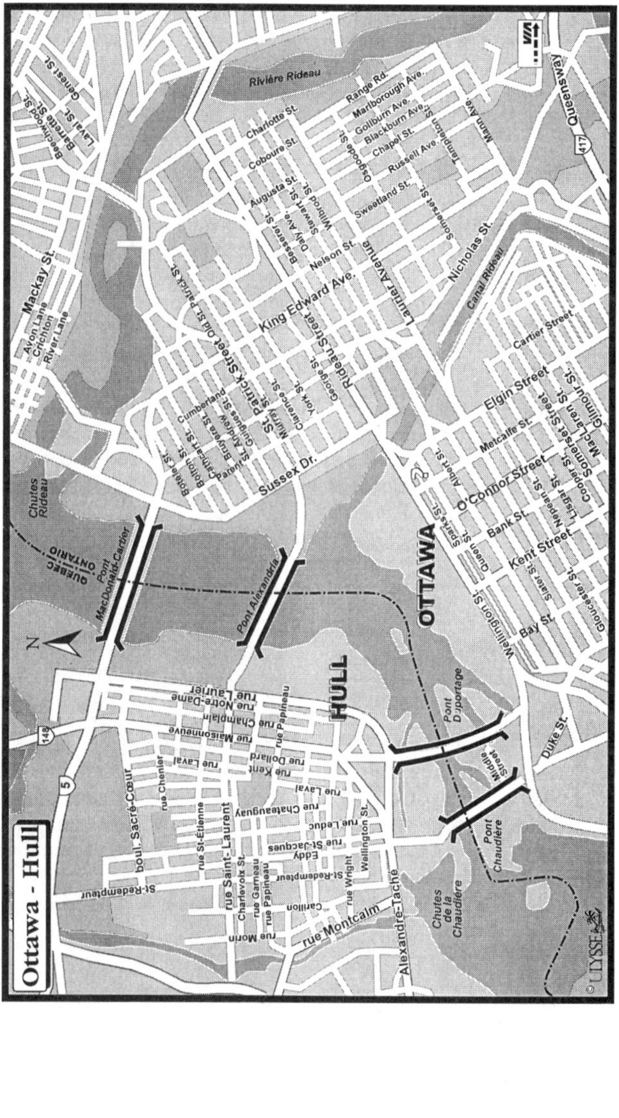
Ottawa - Hull
Rivière Rideau
Canal Rideau
Chutes Rideau
QUEBEC
ONTARIO
Pont MacDonald-Cartier
Pont Alexandra
Pont du Portage
Pont Chaudière
Chutes de la Chaudière
OTTAWA
HULL
Queensway
417
148
5
Sussex Dr.
King Edward Ave.
Rideau Street
Laurier Avenue
Nicholas St.
Elgin Street
O'Connor Street
Kent Street
Bank St.
Bay St.
Wellington St.
Sparks St.
Queen St.
Albert St.
Slater St.
Metcalfe St.
Cartier Street
Gilmour St.
MacLaren St.
Somerset Street
Cooper St.
Lisgar St.
Nepean St.
Gloucester St.
Mackay St.
Avon Lane
Crichton
River Lane
Beechwood St.
Barrette St.
Laval St.
Genest St.
St. Patrick St.
Murray St.
Clarence St.
York St.
George St.
Boteler St.
Bolton St.
Cumberland
Range Rd.
Marlborough Ave.
Gollburn Ave.
Blackburn Ave.
Chapel St.
Russell Ave.
Templeton St.
Mann Ave.
Charlotte St.
Coboure St.
Augusta St.
Wilbrod St.
Stewart St.
Daly Ave.
Besserer St.
Nelson St.
Sweetland St.
Somerset St.
Osgoode St.
Duke St.
Middle Street
rue Laurier
rue Notre-Dame
rue Champlain
rue Maisonneuve
rue Laval
rue Kent
rue Dollard
rue Papineau
boul. Sacré-Cœur
rue Chenier
rue St-Étienne
rue Saint-Laurent
rue Châteauguay
rue Leduc
rue St-Jacques
Eddy
St-Redempteur
Charlevoix St.
rue Garneau
rue Wright
Wellington St.
Carillon
rue Montcalm
rue Morin
Alexandre-Taché
© ULYSSE

Le parlement est aussi la scène de nombreux événements, notamment la **relève de la garde**, qui a lieu tous les jours de la fin juin à la fin août, à 10 h, alors que vous pourrez voir parader les soldats dans leur costume de cérémonie. Un **spectacle son et lumière** racontant l'histoire du Canada y est aussi présenté.

Le **canal Rideau** serpente à travers la ville, pour le grand plaisir des gens qui viennent respirer une bouffée d'air frais au cœur d'Ottawa. En été, ses berges se parent de parcs parsemés de tables à pique-nique, et une promenade doublée d'une piste cyclable est alors mise à la disposition des randonneurs. En suivant Queen Elizabeth Drive, vous arriverez au bord du **Dows Lake**. Vous y trouverez un pavillon où sont loués pédalos et canots.

La piste cyclable aménagée le long du canal est facile à parcourir.Vous pourrez, au gré de vos humeurs, vous arrêter quelques instants sur un des bancs qui la ponctuent pour goûter l'ombre délicieuse d'un arbre tout en observant l'animation qui règne sur le canal.

Vous pouvez louer des vélos chez :

RentABike
Château Laurier
1 Rideau Street
Ottawa, Ont.
☎ 613-241-4140.

Dès que les beaux jours arrivent, des croisières sont organisées sur les cours d'eau entourant Ottawa, auxquelles vous pourrez prendre part, question de voir la ville sous un autre jour et de voguer tranquillement sur les flots. Plusieurs entreprises proposent de telles excursions, notamment :

Ottawa Riverboat
30, Murray Street
Ottawa, Ont.
K1N 5M4
☎ 613-562-4888.

Tous les hivers, dès que les eaux du canal Rideau gèlent, fin décembre ou début janvier, il se transforme en une vaste patinoire, l'une des plus longues du monde, la glace étant déblayée et entretenue pour le grand plaisir des patineurs de tous âges. Afin d'attirer les visiteurs, à quelques pas du Centre national des arts, une cabane chauffée est mise à leur disposition afin qu'ils puissent chausser leurs patins à l'abri du froid. On y loue également des patins.

État de la glace : ☎ 613-232-1234.

La basse ville

Dès les premiers temps, on distinguait deux quartiers dans la ville, séparés l'un de l'autre par le canal Rideau. La basse ville, du côté est du canal Rideau, autour de l'actuel marché Byward, était essentiellement habitée par des Irlandais pauvres, attirés par la construction du canal, et des Canadiens français, venus, quelques années plus tard, travailler dans la prospère industrie du bois. Cette partie de la ville présentait donc un visage moins aisé et plus dur que celui des riches avenues de la haute ville. La vie n'y était pas toujours rose, et les escarmouches entre Irlandais et francophones, souvent en concurrence pour les mêmes emplois, étaient alors fréquentes. Aujourd'hui, ces rivalités ne sont plus qu'histoire ancienne, et ce quartier d'Ottawa est un des plus plaisants de la ville.

Vous apercevrez d'abord l'imposant **Château Laurier**, qui se dresse au bord du canal Rideau depuis 1912 et qui fait toujours partie des hôtels les plus prestigieux de la ville. Cet hôtel présente une architecture de type Château, typique des hôtels du Canadien Pacifique, dont il fait partie.

La **maison Laurier** *(335 Laurier Ave. E., ☎ 692-2581)*, une ravissante demeure construite en 1878, a appartenu à sir Wilfrid Laurier, qui fut élu premier ministre du Canada en 1896, année où son parti, le Parti libéral du Canada, la lui offrit. Laurier, premier francophone du Canada à accéder à cette haute fonction, fut au pouvoir jusqu'en 1911 et habita cette maison jusqu'à sa mort, en 1919. Par la suite, Lady Laurier la donna au chef du Parti libéral, William Lyon MacKenzie King, qui succéda à son mari. À la mort de celui-ci, en 1950, la maison fut léguée au patrimoine canadien. Aujourd'hui, il est possible de la visiter, et vous pourrez y découvrir plusieurs salles décorées selon les goûts de Mackenzie King et, aussi, quelques autres pièces encore garnies des meubles de la famille Laurier.

Revenez sur vos pas sur Laurier Avenue, et tournez à droite sur King Edward Avenue. Puis, prenez à gauche sur George Street.

Place animée s'il en est une à Ottawa, le **marché Byward** *(autour de York Street et de George Street)* est un agréable marché en plein air où divers marchands viennent vendre fruits, légumes, fleurs et toutes sortes d'autres marchandises. Tout autour et sur les rues avoisinantes se trouvent plusieurs commerces, restaurants, bars et cafés, certains disposant d'une jolie terrasse. Les belles journées d'été, l'animation est à son comble alors qu'une foule tranquille s'y rend pour une balade ou pour dénicher mille et une petites choses.

Le **Musée des beaux-arts du Canada** *(380 Sussex Drive, ☎ 613-990-1985)* propose un fabuleux voyage à travers l'histoire artistique du Canada grâce à une collection de 45 000 œuvres d'art, dont 1 200 sont en montre. Surplombant la rivière des Outaouais, l'édifice moderne de verre de granit et de béton, chef-d'œuvre de l'architecte Moshe Safdie, est fort aisément identifiable en raison de son harmonieuse tour, revêtue de triangles de verre, évoquant la forme de la bibliothèque du Parlement, qui s'élève au loin.

Les premières salles du musée, au rez-de-chaussée, sont consacrées aux œuvres d'artistes canadiens et américains. Le rez-de-chaussée comprend également les galeries d'art inuit, qui méritent une attention particulière. Des œuvres des grands maîtres européens et américains y sont également exposées.

Le chapelet de salles du rez-de-chaussée entoure une galerie bien particulière qui abrite une œuvre inusitée : le bel intérieur de la **Chapelle du Couvent Notre-Dame-du-Sacré-Cœur**, constitué de boiserie et de gracieuses voûtes se terminant en éventail. Elle fut reconstruite dans le musée, puis restaurée, afin de la sauver d'une destruction certaine.

À l'extérieur du centre-ville

Les principaux attraits de la ville se trouvent autour du canal Rideau, à la jonction avec la rivière des Outaouais, et il est facile de se rendre de l'un à l'autre en se déplaçant à pied. Il en existe cependant d'autres, situés plus loin, que vous pourrez découvrir si vous disposez d'une voiture ou d'un vélo.

Passé le bâtiment de la Monnaie royale canadienne, Sussex Drive continue le long de la rivière des Outaouais.

En se prolongeant, Sussex Drive franchit l'île Verte, où la rivière Rideau se jette dans la rivière des Outaouais, formant deux belles chutes qui tombent tel un «rideau» et qui sont à l'origine de son nom.

Vous arriverez ensuite dans un des beaux quartiers cossus de la ville, où se succèdent les somptueuses résidences. Parmi celles-ci, au n° 24, vous apercevrez, entourée d'un beau jardin, une immense demeure de pierres : la **résidence officielle du premier ministre du Canada**. Construite en 1867 pour l'homme d'affaires Joseph Currier, elle devint la demeure des premiers ministres canadiens en 1949. Il est évidemment impossible de la visiter.

Non loin, la magnifique demeure **Rideau Hall** *(1 Sussex Dr., ☎ 613-998-7113)* se définit comme la résidence officielle du gouverneur général, qui a pour fonction de représenter au Canada la reine d'Angleterre, Elisabeth II. Dans les faits, le gouverneur général exerce des fonctions plus symboliques que concrètes. Cette somptueuse demeure fut construite en 1838 pour Thomas Mackay, et on la surnomma le château Mackay. En 1865, le gouvernement la loua pour y loger le gouverneur général d'alors, Lord Monck, puis l'acheta en 1868. Depuis, plusieurs modifications ont été apportées au bâtiment original, qui a toujours servi de résidence officielle.

Les visiteurs sont admis dans le vaste et plaisant jardin de 35,6 ha qui entoure la demeure, et peuvent y fureter quelque temps. Durant l'été, il est également possible de prendre part à une visite guidée de la demeure, cinq pièces étant ouvertes au public.

En face de Rideau Hall s'étend une fort belle aire de verdure, le **parc Rockliffe**, qui dispose de belvédères d'où vous aurez une très belle vue sur Hull et la rivière Gatineau.

En pénétrant à l'intérieur du **Musée national de l'aviation** *(aéroport Rockliffe, ☎ 613-993-2010)*, vous serez tout de suite saisi par l'atmosphère bien singulière qui émane de ce gigantesque bâtiment de forme triangulaire, merveilleusement aménagé et abritant une incroyable collection d'avions. Vous pourrez y admirer près d'une centaine de ces engins volants, des tout premiers modèles aux avions de combat et aux bombardiers ayant servi durant les dernières grandes guerres, en passant par les modèles utilisés par l'aviation civile.

Le **Musée national des sciences et de la technologie** *(1867 St. Laurent Blvd., ☎ 613-991-3044)*, qui aborde l'univers fascinant des sciences et des technologies pour le rendre accessible à tous, mérite une visite de tous ceux et celles qui aiment explorer le monde scientifique. La richesse de ce musée ne se fonde pas sur la mise en valeur d'une quelconque collection, mais sur une présentation interactive d'une foule de sujets aussi variés que l'informatique, l'imprimerie, les transports, l'astronomie et les communications. Grâce à une foule de jeux, de panneaux explicatifs et de maquettes de toutes sortes, les visiteurs parviennent à se familiariser avec les lieux.

Sortir à Ottawa et à Hull

Ottawa et Hull disposent d'une foule d'établissement pour égayer votre visite, que vous préfériez les divertissements à saveur culturelle ou les bars. Quelques festivals sont également dignes de mention.

Le **Bal de neige**, au début février, n'a plus besoin de présentation, car sa réputation est désormais bien établie au Canada. Il s'agit de 10 jours de festivités d'hiver de toutes sortes.

Le **Festival des tulipes** se tient en mai, aux alentours de la fête de la reine Victoria. Durant cette période, la ville d'Ottawa se pare d'innombrables tulipes multicolores. Ces tulipes sont offertes par les Pays-Bas en guise de remerciement au Canada pour avoir hébergé la reine Wilhelmine durant la Deuxième Guerre mondiale. Activités de toutes sortes : spectacles et animations dans différents coins de la ville, entre autres au parc de la Confédération et au lac Dow.

Le **Festival de jazz d'Ottawa** a lieu en juillet, après celui de Montréal, près du Centre national des arts.

Autrefois, plusieurs personnes de l'Ontario allaient finir la soirée à Hull, car, jusqu'à tout dernièrement, seuls les bars de cette ville fermaient à 3 h. Depuis avril 1996, Ottawa s'est mise à l'heure du Québec, ou presque (fermeture à 2 h), et peut-être parviendra-t-elle à ne plus s'éteindre autour de minuit. Les deux villes comptent tout de même quelques bars et pubs où vous pouvez passer une belle soirée.

Du côté du centre-ville d'Ottawa, il y a quelques bars et pubs sur Elgin Street, très animée le soir. Les environs du marché Byward abritent également quelques bars, nombre d'entre eux s'agglutinant sur George Street et York Street. À Hull, la promenade du Portage est l'endroit tout indiqué pour les personnes cherchant des établissements animés.

Pour une soirée plus culturelle, il faut plutôt se rendre au **Centre national des arts** *(entre la Place de la Confédération et le canal Rideau, ☎ 613-996-5051)*, qui comprend une salle d'opéra et deux salles de théâtre où sont présentés, tout au long de l'année, des spectacles de qualité.

Hull a maintenant son **Casino** *(1 boulevard du Casino, ☎ 1-800-665-2274 ou 819-772-2100)*. S'étendant au bord d'un lac artificiel formé par une ancienne carrière, le site est assez spectaculaire. On y retrouve tous les jeux et machines inhérentes à ce genre d'endroit.

HULL (QUÉBEC)

Bien que l'on pénètre dans cette ville par un boulevard portant le nom de l'un des grands urbanistes de l'après-guerre, **Hull** n'est certes pas un modèle d'aménagement urbain. C'est un peu l'envers du décor d'Ottawa, qui lui fait face de l'autre côté de la rivière des Outaouais. Hull a été fondée en 1800 par le loyaliste américain Philemon Wright, qui se consacra à l'exploitation des riches forêts vierges de la vallée des Outaouais. Le bois ramené de l'arrière-pays était équarri et assemblé en radeaux (les cages), lesquels étaient acheminés jusqu'à Québec puis en Angleterre, où on l'utilisait pour la construction des navires de la marine britannique. Après 1850, Hull devient un important centre de transformation du bois. L'entreprise Eddy y fabrique, depuis plusieurs générations, des allumettes vendues dans le monde entier.

Les rues de Hull sont bordées d'habitation ouvrières particulières à cette ville. Ces maisons individuelles en bois, coiffées d'un toit pointu, très étroites et très profondes, sont surnommées «boîtes d'allumettes», parce qu'elles logeaient autrefois des employés des usines Eddy et qu'elles ont été plus souvent qu'à leur tour la proie des flammes.

Le **Musée canadien des civilisations** *(100 rue Laurier, ☎ 819-776-7000)*. Hull a hérité du magnifique Musée canadien des civilisations, consacré à l'histoire des différentes ethnies qui habitent le Canada. L'architecte albertain d'origine amérindienne Douglas Cardinal a dessiné les plans des deux étonnants bâtiments aux formes organiques qui composent le musée. Leurs formes ondoyantes évoquent les rochers du Bouclier canadien sculptés par le vent et les glaciers. De l'esplanade, à l'arrière, on jouit de belles vues sur la rivière des Outaouais et sur la Colline parlementaire.

S'il est un musée qu'il faut absolument voir, c'est bien celui-là. Sa Grande Galerie rassemble la plus importante collection de mâts totémiques amérindiens du monde. L'institution fait aussi revivre de façon magistrale différentes époques de l'histoire canadienne, de la venue des Vikings, vers l'an 1000, à l'Ontario rural du XIXe siècle en passant par l'Acadie française du XVIIe siècle. L'art autochtone contemporain ainsi que les arts et traditions populaires y sont également représentés.

Le **parc de la Gatineau** *(le centre d'accueil se trouve à Chelsea, également accessible par le boulevard Taché, à Hull; ☎ 819-827-2020)* est situé à proximité du centre-ville de Hull. Il fut fondé en 1934, durant la Dépression, afin de protéger cette forêt de plus de 35 000 ha des gens à la recherche de bois de chauffage bon marché. Chacun peut aujourd'hui profiter de ce superbe parc composé de collines et de rivières. Il est traversé par une route longue de 34 km et ponctuée de belvédères dont le **belvédère Champlain**, qui offre une magnifique vue sur la région. Des activités de plein air peuvent y être pratiquées tout au long de l'année. En été, des sentiers de randonnée pédestre et des pistes pour le vélo de montagne sont aménagés. Le parc compte plusieurs lacs dont le célèbre **lac Meech**, qui donna son nom à une entente constitutionnelle finalement non ratifiée. Les sports nautiques tels que la planche à voile, le canot et la baignade y sont fort populaires. Il met en outre à la disposition des visiteurs un service de location d'embarcations et d'emplacements de camping. On y trouve également la **caverne Lusk**, qu'il est possible d'explorer. Creusée dans le marbre, elle fut formée par l'action de l'eau issue de la fonte de glaciers, il y a 12 500 ans. En hiver, quelque 190 km de pistes de ski de fond sont entretenues. On peut aussi s'adonner au ski alpin au **camp Fortune**.

Le **domaine Mackenzie-King**. King aimait se retirer dans sa résidence d'été, près du lac Kingsmere, aujourd'hui intégrée au parc de la Gatineau. Le domaine, ouvert au public, comprend deux maisons (l'une d'entre elles a été transformée en un charmant salon de thé), un jardin à l'anglaise et surtout des *follies*, ces fausses ruines que les esprits romantiques affectionnent tant.

AU NORD D'OTTAWA

Pembroke est un petit bourg bâti au bord de la rivière des Outaouais et sans charme particulier. Son principal attrait demeure la rivière qui la borde. En fait, à cet endroit, les rivières des Outaouais et Petawawa se transforment en de tumultueuses cascades que les personnes avides d'expériences excitantes pourront descendre en *raft*. Au moment des crues printanières, les eaux sont à leur plus haut niveau, et la descente promet alors d'être particulièrement mouvementée. Plusieurs entreprises organisent de telles excursions.

L'EST DE L'ONTARIO

L'est de l'Ontario, riche plaine entre le fleuve Saint-Laurent et le Bouclier canadien, a de tout temps été propice à l'établissement des populations : les premiers autochtones y sont venus pour profiter des terres fertiles et de l'eau douce en abondance; les colons français voulaient s'y installer, car ils jugeaient la région stratégique, le long de la fructueuse route des fourrures; plus tard, les loyalistes quittant les États-Unis, désormais indépendants, y trouvaient de vastes espaces favorables à la fondation de nouveaux villages. Cette région hospitalière a depuis lors continué d'attirer les habitants, certains villages se transformant en de belles villes, comme c'est le cas de Kingston; d'autres, ayant conservé leur cachet d'antan, sont devenus des sites de villégiature très fréquentés par les vacanciers.

Au gré de vos promenades dans cette magnifique région, vous contemplerez de vastes champs vallonnés et, au détour d'une route, vous serez peut-être surpris de croiser une splendide demeure ancienne, qui semble plantée là depuis les tout débuts de la colonisation. Vous traverserez des villages tels que Brockville, fidèle témoin de ces tout premiers hameaux qui poussèrent jadis dans la région et qui n'ont, depuis lors, guère changé, possédant toujours de beaux bâtiments de l'époque victorienne. Par endroits, la présence humaine se fait plus discrète, et une forêt de feuillus et de conifères traversée par des lacs et des rivières compose l'essentiel du tableau que vous serez à même d'admirer.

Sur la route des Grands Lacs, les rives du fleuve Saint-Laurent furent des toutes premières zones de colonisation de l'Ontario; dès le XVIIe siècle, des forts français sont bâtis dans la région, notamment le fort Frontenac, en 1673 (à l'emplacement de l'actuelle ville de Kingston). Mais bien avant que ces forts soient érigés, des tribus iroquoïennes (Hurons et Iroquois) se disputaient les frontières de ce vaste territoire, délimité par la partie sud du fleuve Saint-Laurent et les berges des Grands Lacs. Cet itinéraire vous conduit au bord du fleuve majestueux qui, passé Kingston, devient le lac Ontario et vous permet de visiter quelques belles villes dont Kingston, des reconstitutions historiques comme Upper Canada Village, qui vous ramènera plus de 100 ans en arrière, ainsi que des sites naturels exceptionnels, notamment les Mille-Îles.

Cornwall

Cornwall, ville industrielle plutôt morose, est la première ville ontarienne d'importance le long du fleuve Saint-Laurent, à la frontière du Québec, et compte une population à la fois composée d'anglophones et de francophones. Ses industries de pâtes et papiers, et de coton, ainsi que les barrages hydroélectriques, lui procurent l'essentiel de ses revenus, mais n'ont jamais apporté à la ville de véritable prospérité. Si vous y passez quelque temps, vous pourrez visiter quelques sites touristiques ravissants, comme le **musée-villa de la régence Inverarden** *(Montreal Rd., à l'est de Boundary, ☎ 613-938-9585).* Il est aménagé dans une superbe demeure de style Régence, l'un des plus beaux exemples en Ontario, qui fut construite en 1816 pour le commerçant de fourrures John McDonald.

Morrisburg

Morrisburg serait sans doute demeurée une petite municipalité bien quelconque si elle n'avait pas dans son voisinage l'exceptionnelle attraction touristique qu'est l'Upper Canada Village, lequel comprend quelques-unes des maisons de huit petits villages dont les terres furent inondées lors de la construction de la voie navigable du Saint-Laurent, le niveau du fleuve ayant dû être élevé. Ces maisons furent déménagées au parc Chrysler Farm Battlefield pour composer une fascinante reconstitution historique. Dans le parc, vous remarquerez en outre un petit monument commérant la victoire des troupes canadiennes sur les soldats américains en 1812.

Upper Canada Village *(à 11 km à l'est de Morrisburg, sur la route 2, ☎ 613-543-3704).* Cette remarquable reconstitution compte 35 bâtiments formant un village typique du Haut-Canada des années 1860-1867. Dans le village, vous serez d'abord frappé par le réalisme de l'endroit, et vous ne cesserez d'être surpris par l'aménagement et le souci du détail des concepteurs. Scierie, magasin général, ferme, maison du médecin..., rien ne manque dans ce village, que vous découvrez à pied ou en carriole. Les habitants, ces guides costumés aptes à répondre à toutes vos questions, complètent ce tableau presque idyllique du village d'antan, et une attention est même apportée aux costumes, qui non seulement reflètent le métier de chacun mais aussi le rang social. La visite peut prendre plusieurs heures, car vous pouvez observer tous ces habitants vaquer à leurs occupations (fonctionnement de la scierie, travaux de la ferme, utilisation du moulin à farine, etc.)

Durant leur périple migratoire, au printemps et en automne, plusieurs espèces d'oiseaux s'arrêtent le long du Saint-Laurent, particulièrement en un point protégé par l'**Upper Canada Birds Sanctuary** *(à 14 km à l'est de Morrisburg, ☎ 613-543-3704)*, d'où vous pouvez les observer. Il est également possible de remarquer la présence de différentes espèces tout au long de l'été.

Prescott

Longtemps, Prescott occupa un emplacement clé sur la voie navigable du Saint-Laurent, car, à cette hauteur du fleuve, des rapides empêchaient les bateaux de passer, les obligeant à y décharger leurs marchandises. Le **fort Wellington** *(suivez la route 2 vers l'est, ☎ 613-925-2896)*, que vous pourrez visiter, y fut d'ailleurs construit pour défendre ce passage obligé.

Brockville

Il reste de la belle époque de Brockville, celle des loyalistes, de splendides témoins architecturaux. En fait, depuis sa fondation, à la fin du XVIIIe siècle, jusqu'au début du XXe siècle, Brockville, comme bien d'autres cités le long du fleuve Saint-Laurent, ont vécu dans l'opulence, de magnifiques demeures attestant ces riches années.

Gananoque

À Gananoque, vous serez accueilli par une longue artère commerciale, bordée d'une foule de restaurants de type *fast-*

*food*et de motels. Rien de bien invitant certes, mais la ville sert essentiellement de halte aux personnes qui veulent faire une croisière aux Mille-Îles ou une balade dans le parc des Îles-du-Saint-Laurent.

Les Mille-Îles

Des îles, des îles et encore des îles... Les Mille-Îles, qui sont en réalité au nombre de 1 865, donnent aux visiteurs l'occasion d'admirer des paysages d'une singulière beauté. Les Indiens Cataraquis, qui, avant l'arrivée des colonisateurs, habitaient cette région, les dénommaient «le jardin du Grand Esprit»; en vous y promenant, vous en apercevrez de toutes les sortes, allant des grandes îles où ont été construites de riches demeures, comme c'est le cas de l'île Wellesley, aux îlots minuscules; il ne faut que deux arbres sur 2,5 m^2 de terrain pour désigner une île.

La croisière fort plaisante sur les eaux du fleuve Saint-Laurent vous permettra d'observer de plus près ce véritable dédale de petites îles, dont certaines offrent un intérêt particulier. Outre un fascinant tableau naturel, vous pourrez voir et visiter certains de ces îlots, dont l'île Gordon, qui constitue le plus petit parc national du Canada, ou l'île Heart, sur laquelle a été construit le château Boldt; cependant, n'oubliez pas que cette dernière île fait partie du territoire américain et que les passagers européens doivent montrer leur passeport pour débarquer.

Les Mille-Îles constituent le site idéal pour une agréable balade sur le Saint-Laurent. Plusieurs croisières dans les Mille-Îles partent de la marina de Gananoque ou de Kingston et elles sont l'occasion de découverte de belles scènes naturelles.

Départ de Ganonoque :
Gananoque Boat Line
☎ (613) 382-2144
☎ (613) 382-2146

Départ de Kingston :
Island Queen
☎ (613) 549-5544

Sea Fox II (catamaran)
☎ (613) 542-4271

Le parc des Îles-du-Saint-Laurent

Le parc des Îles-du-Saint-Laurent, véritable jardin naturel composé de 23 îles et d'innombrables îlots, s'étend sur quelque 80 km, de Gananoque à Lancaster. Ce chapelet d'îles est en fait la crête de montagnes qui ont jadis été submergées au moment du retrait des glaciers, alors que se formait le fleuve Saint-Laurent. Il y pousse une végétation bien singulière; en certains endroits s'y développe une flore septentrionale qui se retrouve généralement plus au nord, alors qu'en d'autres endroits de ces îles croissent des plantes dont l'habitat habituel est bien plus au sud. D'île en île, vous serez ainsi peut-être surpris de constater la présence d'une flore diversifiée créant des tableaux aussi exceptionnels que différents.

Ces îles sont pour la plupart aménagées pour accueillir les visiteurs. Certaines, comme c'est notamment le cas si vous suivez la promenade Long Sault, sont accessibles par voiture, tandis que d'autres peuvent être atteintes en bateau. Aires de pique-nique, plages et terrains de camping (Ivy Lea et Mallorytown) se retrouvent çà et là, permettant aux visiteurs de contempler un environnement naturel fascinant en plus de s'adonner à diverses activités de plein air. Si vous avez besoin de renseignements, rendez-vous au quartier général du parc, à Mallorytown.

La route 2 et la promenade des Mille-Îles longent tour à tour le fleuve, dévoilant par moments des vues magnifiques sur le Saint-Laurent et ses îles. Des sentiers de randonnée ont été aménagés sur certaines îles, promettant de plaisantes balades. Si vous ne disposez que de peu de temps et ne voulez pas vous rendre sur une des îles, empruntez le sentier Mainland Nature, qui part de Mallorytown (du quartier général) et vous entraîne à la découverte de la nature des rives du Saint-Laurent. Enfin, si vous avez plutôt une âme de cycliste que de canoteur, sachez qu'une fort belle piste cyclable longe la promenade des Mille-Îles.

Kingston

En 1673, René-Robert Cavelier de La Salle, envoyé par le comte de Frontenac, remonte le fleuve Saint-Laurent en quête d'un endroit clé pour construire un poste de traite. À la jonction avec le lac Ontario, qu'il juge stratégique, sur la route naturelle qu'empruntent les explorateurs et les coureurs des bois, il décide de bâtir un fort, qu'il nomme «fort Frontenac». Des Français tissent dès lors de fructueux liens commerciaux avec les autochtones et demeurent dans la région une centaine d'années, soit jusqu'à 1758, année où le fort est conquis par le colonel anglais Bradstreet, ce qui met fin à la colonisation française dans les environs.

Au lendemain de la Conquête, le site est abandonné jusqu'à 1783, alors que des loyalistes quittent les États-Unis pour venir s'établir à cet endroit et y fondent Kingston. La ville retrouve alors sa prospérité, alors qu'elle sert de point d'arrêt sur la route des Grands Lacs; durant la guerre de 1812, le fort Henry est érigé afin d'assurer la protection de la région. Peu à peu, la ville prend de l'importance et devient même la capitale du Bas-Canada et du Haut-Canada quelques années, soit de 1841 à 1844.

De ce passé glorieux, de magnifiques bâtiments d'architecture victorienne attestant les années prospères de la ville subsistent, de même que d'importantes écoles militaires, notamment le Royal Military College et le National Defense College. En outre, Kingston est située au bord du lac Ontario et possède un centre-ville des plus attrayants, que vous pourrez découvrir au gré de vos balades sur les rues Brock et Ontario.

Le **fort Henry** *(route 2, ☎ 613-542-7388)* a été construit dans les années 1832-1837, sur un promontoire surplombant le lac Ontario, en vue de protéger le Haut-Canada de toute invasion américaine. Cependant, cet important poste militaire ne fut jamais attaqué; les risques d'invasion étant improbables, la garde abandonna le fort après les années 1870. Au cours des années trente, des travaux de rénovation furent entrepris.

Kingston City Hall *(216 Ontario Street)*, l'hôtel de ville de Kingston. Le vaste édifice fut construit entre 1842 et 1844, à une époque où la ville abritait le siège du gouvernement du Canada-Uni.

Juste en face s'étend le **Park Confederation**, qui donne sur les berges de la rivière Cataraqui. Vaste jardin de verdure, l'endroit est idéal pour flâner un brin. Juste à côté se dresse le bâtiment de l'office de tourisme. C'est également de **l'office de tourisme** que vous pourrez prendre le ***Confederation Tour Train***, un petit train proposant une visite des vieux quartiers de Kingston. Des croisières pour les Mille-Îles partent de la marina située à côté du parc.

Vous pouvez continuer sur **Ontario Street**, la principale rue du centre-ville, bordée d'une foule de petites boutiques et de restaurants aux jolies terrasses. Vous passerez ainsi devant le **Prince George Hotel**, dont la construction de la première partie remonte à 1809. Par la suite, deux autres sections ont été ajoutées, et le bâtiment tel que vous le voyez aujourd'hui fut terminé en 1867. En 1978, il fit cependant l'objet d'une rénovation et fut alors reconverti en hôtel.

Plus loin, sur Johnson Street, à l'angle de King Street, vous passerez devant la belle cathédrale St. George.

La **St. George's Cathedral** *(angle King St. E. et Johnson St.)* est le siège de l'évêché anglican de Kingston. Ce bel édifice néo-classique tout en longueur a été entrepris en 1825 selon les plans de Thomas Rogers. Le portique, la tour et l'horloge ont été ajoutés en 1846, alors que la coupole a été installée en 1891. Occupant le même quadrilatère, l'**ancien bureau de poste** et l'**édifice de la douane** rappellent tous deux le XVIIe siècle anglais d'Inigo Jones, qui symbolise ainsi les liens étroits entre le Canada et l'Angleterre. Ces bâtiments ont été réalisés en 1856 selon les plans des architectes montréalais Hopkins, Lawford et Nelson.

Au moment de sa construction, aux alentours des années 1840, la **villa Bellevue** *(35 Centre St., ☎ 613-545-8666)* fit parler d'elle en raison de son style dit toscan, plutôt inusité pour l'époque et qui lui valut divers surnoms, entre autres celui de «pagode». En 1848-1849, elle logea la famille de John A. McDonald, premier premier ministre canadien de 1867 à 1873. Vous y découvrirez de ravissantes pièces, toutes garnies des meubles de l'époque où y résidait McDonald.

Belleville

Agréablement située à l'embouchure de la rivière Moïra, au bord de la baie de Quinte, la mignonne Belleville est avant tout le point de départ des excursions pour l'île de Quinte. De beaux quartiers résidentiels, de splendides demeures et une agréable marina méritent que vous preniez quelques instants pour vous promener dans la ville.

Une élégante demeure bâtie en 1883 renferme le **musée du comté de Hasting** *(257 Bridge St. E., ☎ 613-962-2329)*, dont chacune des pièces a été rénovée puis garnie de beaux meubles victoriens.

L'île de Quinte

L'île de Quinte vous réserve de belles scènes pastorales au détour d'une route ou le long de ses côtes. En effet, cette île composée de hameaux tranquilles, de vastes champs fertiles et de longues plages de sable a de quoi plaire aux citadins en quête de beaux paysages naturels. Pour goûter son calme champêtre, les visiteurs y viennent nombreux en été, et pourtant l'industrie touristique continue à se faire discrète. Quelques routes la sillonnent et s'avèrent parfaites pour les personnes se déplaçant à vélo.

Trenton

C'est ici, à Trenton, que débute la voie navigable Trent-Severn. En été, une foule de visiteurs se pressent à sa marina, avec des embarcations de toutes sortes, pour partir en excursion sur les cours d'eau qui sillonnent le centre de la province jusqu'à la baie Georgienne.

Non loin de Trenton s'étend le **parc Presqu'île** *(R.R.4, Brighton, K0K 1H0, ☎ 613-475-2204)*, créé en vue de protéger une mince bande de terre s'avançant dans les eaux du lac Ontario et dont les abords, de vastes marais, attirent une faune ailée variée. Des quais de bois sont installés afin de permettre aux ornithologues de tous âges de voir de plus près quelques-unes des espèces locales. Bancs de bois et panneaux d'interprétation rendent ces excursions à la fois agréables et instructives. Les personnes qui préfèrent profiter des eaux fraîches du lac Ontario seront également comblées, car le parc dispose de longues plages de sable blond. Enfin, le parc comprend aussi des emplacements de camping.

Cobourg

De prime abord, Cobourg, située au bord du lac Ontario et en pleine campagne, apparaît comme une petite ville bien simple. En traversant son centre-ville, vous remarquerez cependant quelques bâtiments imposants, témoins du passé prospère de la ville, alors que son port était un des plus fréquentés de la région et que des moulins à farine, des scieries et des usines d'automobiles y étaient installés. Parmi les élégants édifices anciens, vous ne manquerez pas de remarquer le majestueux **hôtel de ville** *(Victoria Hall, 55 King St. W.)*, de style palladien, qui a été conçu par l'architecte Kivas Tully en 1860.

Port Hope

À Port Hope, vous tomberez peut-être sous le charme de son coquet centre-ville, où se succèdent les boutiques d'artisanat et d'antiquités. L'histoire de ce village remonte à 1788, alors que Peter Smith vint s'établir en ces lieux. Quelques années plus tard, en 1793, il est suivi d'un groupe de loyalistes, lesquels fondent véritablement la ville. De son passé, elle a conservé quelques beaux édifices, comme l'église St. Mark, érigée en 1822.

Oshawa

Toute dernière ville de cette section sur l'est de l'Ontario, Oshawa est située à une cinquantaine de kilomètres de Toronto, dont on sent déjà les tentacules. Cette cité a prospéré grâce à son industrie automobile, la plus développée en Ontario, qui a débuté au début du siècle, alors que Robert McLaughlin commença à y construire des voitures. La grisaille domine cette ville, ce qui est assez typique des villes industrielles nord-américaines, mais vous n'y trouverez pas moins quelques sites intéressants, la plupart reliés à McLaughlin et à l'industrie automobile.

À la **galerie Robert McLaughlin** *(Civic Centre, Centre St., ☎ 905-576-3000)*, vous pourrez contempler quelques belles toiles de peintres canadiens contemporains, notamment des œuvres abstraites des membres du Groupe des Onze, qui se fit connaître dans les années cinquante.

Aménagé dans un bâtiment qui semble des plus quelconques, le **Musée canadien de l'automobile** *(99 Simcoe St. S., ☎ 576-1222)* propose une incursion dans le monde de l'automobile, une soixantaine de voitures anciennes y étant exposées.

Si vous n'avez le temps de voir qu'une seule attraction à Oshawa, que ce soit le somptueux **manoir Parkwood** *(270 Simcoe St. N, ☎ 433-4311)*, ancienne propriété de R.S. McLaughlin. Entourant la résidence, le splendide et vaste jardin, harmonieusement composé d'arbres majestueux, de haies et de pelouses verdoyantes ainsi que d'une fontaine, est tout simplement magnifique. Il donne un avant-goût de la richesse du manoir, qui compte pas moins de 55 pièces, toutes décorées avec bon goût et dont la visite vous ravira.

TORONTO

La ville de Toronto a subi de nombreuses transformations dans son passé récent, des changements qui l'amènent à s'ouvrir sur le monde et à se débarrasser de sa réputation de ville terne et monotone. La caractérisation de la métropole canadienne est accentuée par ses nombreuses communautés, son quartier des affaires et ses multiples théâtres. De Rosedale à Cabbagetown, de l'Annex à Greektown, des plages à la Petite Italie et aux quartiers chinois, les différents quartiers de Toronto en sont devenus les plus récents attraits. La composition ethnique de Toronto est d'ailleurs une pure merveille; avec 70 nationalités et plus de 100 langues, elle incarne on ne peut mieux la fameuse mosaïque canadienne, et ce ne sont sûrement pas les amateurs de restaurants qui vont s'en plaindre.

Le Waterfront

La proximité d'un plan d'eau majeur détermine souvent l'emplacement d'une ville, et Toronto ne fait pas exception à la règle. Cependant, la ville de Toronto a négligé pendant plusieurs années le quartier qui donnent sur les berges du lac Ontario. Fort heureusement, des sommes importantes ont été investies dans ce faubourg afin de lui redonner vie, et l'on y trouve aujourd'hui un hôtel de luxe, plusieurs boutiques et de nombreux cafés qui bourdonnent sans cesse d'activité.

Au pied de Bay Street, une navette maritime vous conduira aux **îles de Toronto**. L'accès à la navette se trouve juste derrière l'hôtel Harbour Castle Westin.

À quelques pas de là, au pied de York Street, avance le **Queen's Quay Terminal** *(207 Queen's Quay)*, d'où des bateaux proposent des promenades dans la baie et autour des îles de Toronto (les départs des traversiers se font au bout de Bay Street). En fait, le Queen's Quay est un ancien entrepôt qu'on a modifié pour y aménager un théâtre exclusivement consacré à la danse ainsi qu'une centaine de restaurants et de boutiques.

Facilement accessible grâce à la nouvelle ligne de tramway qui relie la station de métro Union à la rive du lac Ontario et qui poursuit ensuite sa route vers Spadina Avenue, le **Harbourfront Centre** (*Queen's Quay West, ☎ 416-973-4000, ou 973-3000 pour de l'information sur les événements spéciaux)* est un bon exemple des changements apportés au Waterfront de Toronto. Depuis que le gouvernement fédéral a racheté 40 ha de terres situées sur la rive du lac Ontario, les vieilles usines et les entrepôts délabrés du Harbourfront ont été rénovés, si bien que les environs s'imposent aujourd'hui comme un des endroits les plus fascinants de Toronto. En plus d'y trouver de jolis petits cafés et de nombreuses boutiques, on peut même assister à l'un des nombreux spectacles et événements culturels qui font désormais la fierté des Torontois.

Du Harbourfront Centre, vous n'avez que quelques pas à faire pour vous rendre au SkyDome et à la tour du CN.

Le **SkyDome** (*1 Blue Jays Way, Suite 3000, ☎ 416-341-3663)*, le nouveau centre sportif de Toronto, fait la fierté des Toron

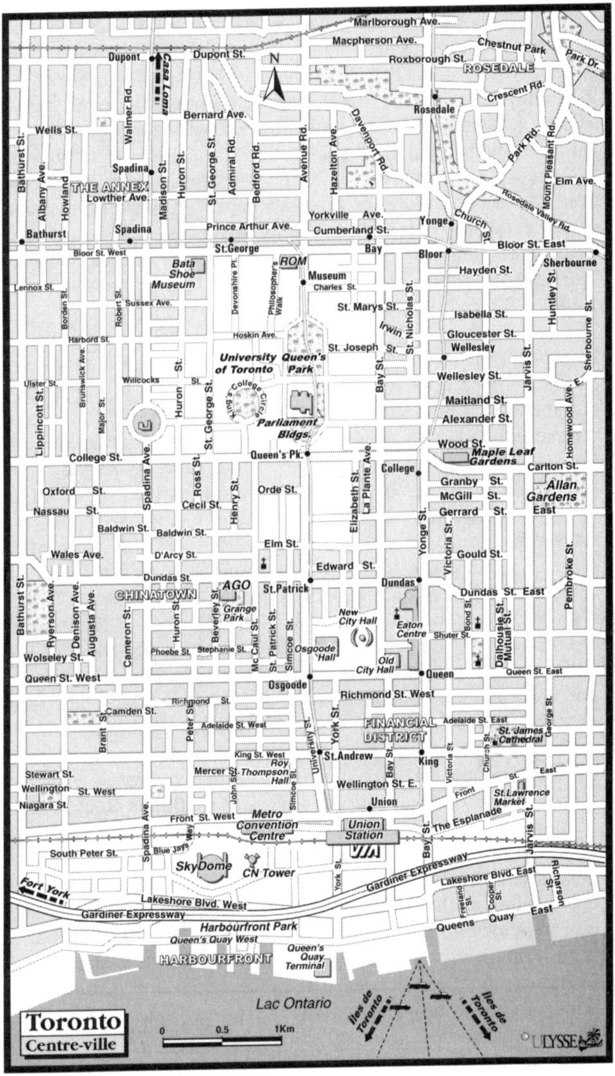
Marlborough Ave.
Macpherson Ave.
Chestnut Park
Park Dr.
Roxborough St.
ROSEDALE
Crescent Rd.
Rosedale
Dupont
Dupont St.
Casa Loma
N
Bernard Ave.
Wells St.
Walmer Rd.
Davenport Rd.
Park Rd.
Mount Pleasant Rd.
Elm Ave.
Bathurst St.
Albany Ave.
Howland
THE ANNEX
Lowther Ave.
Spadina
Madison St.
Huron St.
St. George St.
Admiral Rd.
Bedford Rd.
Avenue Rd.
Hazelton Ave.
Rosedale Valley Rd.
Yorkville Ave.
Cumberland St.
Yonge
Church St.
Bathurst
Prince Arthur Ave.
St.George
Bay
Bloor
Bloor St. East
Sherbourne
Bloor St. West
Bata Shoe Museum
ROM
Museum
Charles St.
Hayden St.
Lennox St.
Borden St.
Robert St.
Sussex Ave.
Devonshire Pl.
Philosopher's Walk
St. Marys St.
Irwin
St. Nicholas St.
Isabella St.
Huntley St.
Sherbourne St.
Harbord St.
Hoskin Ave.
Gloucester St.
St. Joseph St.
Wellesley
University of Toronto
Queen's Park
Jarvis St.
Brunswick Ave.
Willcocks
Ulster St.
Wellesley St.
King's College Circle
Bay St.
Lippincott St.
Major St.
Maitland St.
Homewood Ave.
Parliament Bldgs.
Alexander St.
Wood St.
College St.
Queen's Pk.
Maple Leaf Gardens
College
Carlton St.
Spadina Ave.
Ross St.
Elizabeth St.
La Plante Ave.
Granby St.
Oxford St.
Henry St.
Orde St.
McGill St.
Allan Gardens
Cecil St.
Gerrard St.
East
Nassau St.
Baldwin St.
Yonge St.
Victoria St.
Elm St.
Wales Ave.
D'Arcy St.
Gould St.
Edward St.
Pembroke St.
Dundas St.
Bathurst St.
AGO
Dundas
Dundas St. East
CHINATOWN
St.Patrick
Ryerson Ave.
Denison Ave.
Augusta Ave.
Cameron St.
Huron St.
Beverley St.
Grange Park
New City Hall
Eaton Centre
Bond St.
Dalhousie St.
Mutual St.
Shuter St.
Phoebe St.
Stephanie St.
Mc Caul St.
St. Patrick St.
Simcoe St.
Osgoode Hall
Wolseley St.
Old City Hall
Queen St. West
Queen
Queen St. East
Osgoode
Richmond St.
Richmond St. West
Camden St.
Peter St.
Adelaide St. West
FINANCIAL DISTRICT
Adelaide St. East
George St.
St. James Cathedral
Brant St.
University St.
York St.
King St. West
St.Andrew
King
Church St.
Stewart St.
Roy Thompson Hall
Mercer St.
John St.
Wellington St. West
Wellington St. E.
Front St. East
Niagara St.
Union
St.Lawrence Market
Front St. West
Metro Convention Centre
Union Station
The Esplanade
South Peter St.
Blue Jays Way
VIA
SkyDome
CN Tower
Gardiner Expressway
Lakeshore Blvd. East
Richarson St.
Fort York
Lakeshore Blvd. West
Freeland St.
Cooper St.
Harbourfront Park
Queens Quay East
Queen's Quay West
HARBOURFRONT
Queen's Quay Terminal
Lac Ontario
Iles de Toronto
Toronto
Centre-ville
0
0.5
1Km
ULYSSE

tois. Il s'agit du premier stade au monde à posséder un toit entièrement rétractable. En cas de mauvais temps, ses quatre panneaux montés sur rails peuvent en effet se refermer en 20 min malgré leurs 11 000 tonnes. Depuis son ouverture en 1989, ce remarquable édifice abrite l'équipe locale de base-ball, les Blues Jays, ainsi que l'équipe de football, les Argonauts de la Canadian Football League (CFL). Il accueille aussi, du moins pour le moment, l'une des deux équipes de basket-ball canadiennes faisant partie de la National Basket-ball Association (NBA), les Raptors. Une visite guidée est proposée tous les jours *(information : ☎ 416-341-2770)*. Il faut compter environ 1 heure 30 min pour en faire le tour.

La **tour du CN** (*Front Street W., ☎ 416-360-8500)*. Sans aucun doute l'édifice le plus représentatif de Toronto, la tour du CN domine la ville du haut de ses 553,33 m, ce qui en fait la tour d'observation la plus élevée du monde. Pour éviter les longues files, il est préférable de s'y rendre tôt le matin ou vers la fin de la journée, surtout au cours de la saison estivale et la fin de semaine; par temps peu clair, il vaut mieux remettre à plus tard sa visite. Vous pourrez facilement accéder à la plateforme d'observation grâce à un ascenseur qui vous arrache du sol à une vitesse de 6 m par seconde, une vitesse équivalente à celle d'un avion à réaction lors du décollage. Située à 335,25 m de hauteur et aménagée sur quatre étages, la plateforme d'observation constitue la pièce maîtreese de la tour. Le premier étage abrite du matériel de télécommunication, alors que le deuxième comporte une plateforme d'observation extérieure et un plancher de verre, pour ceux qui n'ont pas peur du vide. Le troisième étage est doté d'un salon d'observation intérieur et d'un accès aux ascenseurs aui mènent au **Space Deck**, lequel flotte à 447 m d'altitude et s'impose comme le poste d'observation public le plus élevé du monde. Évidemment, la vue depuis le sommet est splendide (par temps clair, vous pouvez voir sur une distance de 160 km et même distinguer les chutes du Niagara). Enfin, le quatrième étage s'enorgueillit d'un bar et d'un restaurant pouvant accueillir jusqu'à 400 personnes. Compte tenu de l'altitude à laquelle vous vous retrouverez, vous sentirez la tour osciller sous l'effet du vent! Cette oscillation est d'ailleurs tout à fait normale et a pour effet d'accroître la résistance de la structure tout entière.

C'est à **Fort York** (*☎ 366-6127)* que Toronto a vu le jour sur les berges du lac Ontario. Érigé en 1783 par ordre du gouverneur

Simcoe pour faire face à la menace américaine, Fort York fut détruit par ces derniers en 1813, puis reconstruit peu de temps après. Les relations avec les États-Unis s'adoucissant rapidement, il perdit peu à peu sa raison d'être. Dans les années trente, il fit l'objet d'une importante rénovation par la municipalité de Toronto, qui avait décidé d'en faire une attraction touristique. Aujourd'hui, Fort York est devenu le site de la plus importante collection canadienne de bâtiments datant de la guerre de 1812. Outre les baraques meublées illustrant le style de vie des officiers et des soldats qui y habitaient, vous y découvrirez un petit musée qui présente un court métrage sur l'histoire du fort. Vous pourrez aussi y voir des acteurs se livrer à des manœuvres militaires en costume d'époque.

Ontario Place *(955 Lakeshore Boulevard W., ☎ 416-314-9900; de la fin mai au début septembre, un service d'autobus relie la Union Station à l'Ontario Place)*. Conçue par Eberhard Zeidler, l'Ontario Place est formée de trois îles reliées entre elles par des ponts. On peut aussi y distinguer cinq structures suspendues plusieurs mètres au-dessus de l'eau, lesquelles regorgent d'activités pour les jeunes et les moins jeunes. Vous y remarquerez certainement l'énorme sphère blanche qui se différencie des autres bâtiments et qui abrite le **Cinesphere** : un **cinéma IMAX** *(☎ 416-965-7711)* possédant un impressionnant écran d'une hauteur de six étages. Si vous avez des enfants, rendez-vous au **Children's Village**, où vous attendent des terrains de jeu, une piscine, des toboggans nautiques, des fusils à eau, des bateaux tamponneurs, un centre Nintendo, un LEGO Creative Centre, un cinéma et d'autres attractions encore.

Les îles de Toronto

Les îles de Toronto constituent l'endroit idéal pour se relaxer, prendre un peu de soleil, faire du vélo, marcher ou se baigner. Au début du XIXe siècle, les îles devinrent le site d'un «nouveau quartier» résidentiel, des demeures ayant été érigées sur Centre Island, Ward's Island et Algonquin Island. Cependant, bien qu'une centaine de ces maisons privées subsistent, cette portion de territoire est désormais officiellement désignée «zone de parc», gérée par le Service des parcs municipaux. Une bataille à finir entre les politiciens et les résidants des îles quant à la propriété des terres du parc se poursuit toujours, quoique aucun danger imminent d'expropriation ne semble guetter les habitants actuels des îles. La loi provinciale prévoit en outre que le «nouveau quartier» communauté continuera d'exister au moins jusqu'à 2005. Un court trajet de 8 min en **traversier** vous mènera aux îles à partir du port de Toronto *(☎ 416-392-8186)*. Trois traversiers, qui partent tous du Mainland Ferry Terminal, au pied de Bay Street, desservent les trois plus grandes îles, c'est-à-dire Hanlan's Point, Centre Island et Ward's Island; des ponts relient les autres îles entre elles. Les bicyclettes sont autorisées à bord, sauf, à l'occasion, sur le traversier pour Centre Island, qui peut s'avérer très bondé les fins de semaine.

Vous pouvez explorer les îles à pied, à vélo, en patins à roues alignées ou à bord d'un minitrain sur roues qui circule régulièrement entre le débarcadère de Centre Island et Hanlan's Point. Vous pourrez louer une bicyclette à Hanlan's Point ainsi qu'au quai, de même qu'un canot, une chaloupe ou un pédalo sur le Long Pond, à l'est du pont Manitou.

Quel que soit le moyen de transport que vous utilisez, si vous êtes accompagné d'enfants en bas âge, arrêtez-vous d'abord à la **Centreville Amusement Area** et à la **Far Enough Farm** *(☎ 416-363-1112)*. Il s'agit respectivement d'un parc d'attractions à l'ancienne et d'un zoo peuplé d'animaux à caresser. La rigoureuse **Avenue of the Islands** s'étire d'un bout à l'autre de Centre Island, depuis le pont Manitou jusqu'au quai et à la plage. Elle est bordée de plates-bandes, de bassins ondoyants, de fontaines et de magnifiques pelouses, sur lesquelles ont été plantés des écriteaux vous invitant à fouler l'herbe à loisir *(Please walk on the grass)*. Ces vastes étendues se prêtent d'ailleurs fort bien aux pique-niques, à moins que vous ne préfériez poursuivre votre chemin jusqu'au bout du quai pour admirer une vue saisissante sur le lac Ontario. À l'est, une jolie promenade mène à Ward's Island, où vous trouverez les plages les plus propres des îles.

Le traversier est également en service pendant l'hiver (quoique moins fréquemment), de sorte qu'il est possible de visiter les îles toute l'année. La saison hivernale a d'ailleurs un cachet particulier sur les îles, alors que le ski de fond et la raquette remplacent la marche et la bicyclette dans un décor féerique, sans parler des merveilleuses occasions de patinage. L'été demeure toutefois la saison la plus fertile de l'année, alors que les sentiers panoramiques revêtus qui sillonnent les îles font les délices des marcheurs, des joggeurs, des cyclistes et des amateurs de patin à roues alignées. Rappelez-vous néanmoins que la baignade est interdite dans les canaux et dans le lagons. Des courts de tennis, un terrain de «frisbee-golf», un terrain de balle molle et des pataugeoires complètent les installations de plein air.

Le quartier des affaires et du spectacle

Commencez votre tournée par le **Princess of Wales Theatre** *(300 King Street W., près de John Street, ☎ 416-872-1212)*. Ce théâtre flambant neuf a été construit en 1993 à seule fin d'accueillir la comédie musicale *Miss Saigon*. Bien qu'aucune visite n'y soit autorisée, prenez la peine de jeter un coup d'œil à l'intérieur afin d'apprécier le décor minimaliste du hall d'entrée, dont le thème est axé sur la lune et les étoiles, et donc parfaitement adapté à la fameuse comédie musicale qu'on continue à présenter ici encore aujourd'hui.

Rendez-vous ensuite au **Royal Alexandra** *(260 King Street W., ☎ 416-872-3333)*. Le Royal Alexandra a été nommé ainsi pour rendre hommage à l'épouse du roi Édouard VII, et tout le monde l'appelle aujourd'hui simplement le «Royal Alex». Il s'agit de l'un des théâtres les plus en vue de la ville, sans cesse fréquenté par l'élite de Toronto depuis son ouverture en 1907. Son fastueux style édouardien et son décor Beaux-Arts, rehaussé de voluptueux velours rouge, de brocarts d'or et de marbre vert, ont retrouvé leur éclat d'antan au cours des années soixante grâce à Ed Mirvish. Une collection d'articles de journaux attestant les divers exploits d'Ed Mirvish tapisse les murs des nombreux restaurants que le grand entrepreneur a ouverts entre le Princess of Wales Theatre et le Royal Alexandra.

De l'autre côté de la rue s'élève le **Roy Thompson Hall** (*60 Simcoe Street, ☎ 416-593-4822)*, l'une des constructions les plus remarquables du paysage torontois. Son extérieur futuriste, qui arbore 3 700 m^2 de verre réfléchissant, a été conçu par le Canadien Arthur Erickson et lui a valu des critiques mitigées, le comparant tantôt à un champignon renversé, tantôt à un tutu de ballerine. Son intérieur fait par contre l'unanimité, avec son incroyable luminosité, son hall somptueux et son acoustique exceptionnelle.

Une vaste cour s'étend à l'ouest du Roy Thompson Hall et est bordée, à l'ouest, par le **Metro Hall** (en face du Princess of Wales Theatre) et, au sud, par la **Simcoe Place** (le grand bâtiment carré à votre gauche) ainsi que par le **CBC Broadcast Centre** *(Centre canadien de radiodiffusion; 250 Front Street W., ☎ 416-205-8605)*. Le Centre canadien de radiodiffusion a ouvert ses portes en 1992, et il a rapidement occupé une place de choix dans le ciel de Toronto grâce à son extérieur rouge unique d'aspect grillagé ainsi qu'à ses façades angulaires. Il s'agit là du siège des réseaux anglophones de la Canadian Broadcasting Corporation, de même que de la radio et de la télévision francophones locales. Un atrium lumineux de 10 étages honore le hall d'entrée, d'où partent les visites et où se trouve en outre le **CBC Museum** *(☎ 416-205-5574)*.

Cet itinéraire vous entraîne maintenant au cœur même de Toronto, c'est-à-dire le **quartier des affaires**, où l'argent, qui fait courir nombre de résidants à leur faire perdre la tête, constitue le principal objet de préoccupation. Ce quartier s'étend entre Adelaide Street, au nord, et Front Street, au sud, puis entre University Avenue, à l'ouest, et Yonge Street, à l'est.

La **Bourse de Toronto** (*Toronto Stock Exchange*) *(130 King Street, ☎ 416-947-4670)* est ce point de mire de la haute finance canadienne où les papiers volent, où les cambistes se lancent des signaux de la main et où des fortunes sont faites et défaites. Le centre d'accueil des visiteurs se trouve au rez-de-chaussée de la tour de la Bourse, près de la réception. Il s'agit là de l'une des haltes les plus intéressantes du quartier, puisque vous pourrez vous imprégner de l'activité du parquet à partir d'une galerie d'observation.

L'impressionnant **Toronto-Dominion Centre** *(55 King Street W.)*, se dresse à l'angle sud-ouest des rues King et Bay. Réalisé par le célèbre moderniste Ludwig Mies van der Rohe, il s'impose comme le premier gratte-ciel d'envergure internationale construit à Toronto; c'était au milieu des années soixante. Ces simples tours noires pourront vous sembler peu inspirées, mais l'usage de matériaux coûteux et le respect minutieux des proportions ont promu le T-D Centre au rang des constructions les plus réputées de la ville.

Le **Bank of Commerce Building** *(25 King Street. W.)* est perçu par beaucoup comme la plus belle banque et le plus bel immeuble à bureaux du quartier des affaires de Toronto. L'époustouflant intérieur de ce monumental édifice roman ne pourra qu'emballer les fervents d'architecture.

Rendez-vous jusqu'à Bay Street, et découvrez, du côté est, à environ mi-chemin de la distance qui vous sépare de King Street, l'**Original Toronto Stock Exchange** *(234 Bay Street)*, soit l'ancienne Bourse de Toronto, maintenant le Design Exchange, mais toujours le bâtiment le plus typiquement Art déco de la ville. **The Design Exchange** *(234 Bay Street, information ☎ 416-216-2160, billetterie ☎ 216-2150)* est connue à Toronto sous l'acronyme de «DX». La «Bourse du désign» renferme une salle d'exposition, ainsi que le Design Effectiveness Centre («centre de l'efficacité en désign»). On y présente des pièces réalisées par des concepteurs d'envergure nationale et internationale. En plus du dernier cri dans les domaines de la mode, de la création graphique et de l'ergonomie, ce lieu s'enorgueillit de la présence du parquet original, entièrement restauré, de l'historique Bourse de Toronto ainsi que de murales et frises vraiment spectaculaires.

Redescendez Bay Street jusqu'à Wellington pour le prochain arrêt : la **Royal Bank Plaza** *(200 Bay Street)*. Sa façade miroitante enrichie de dorures est comme une bouffée d'air frais dans le paysage sobre et l'attitude collet-monté du quartier des affaires, particulièrement au crépuscule. L'or agit en fait comme un isolant, en gardant la chaleur à l'extérieur durant l'été et à l'intérieur durant l'hiver.

La **Union Station** *(65-75 Front Street W.)* domine Front Street depuis Bay Street à York Street. Elle occupe sans contredit le premier rang des gares ferroviaires canadiennes pour la taille et pour la magnificence des lieux. Conçue dans l'esprit des grands terminus américains, elle emprunte ses colonnes et ses plafonds à caissons aux basiliques romaines de l'Antiquité. Sa construction entreprise en 1915 sera achevée en 1927 seulement. Sa façade, sur Front Street, fait plus de 250 m de longueur, dissimulant ainsi complètement le port et le lac Ontario, situés à l'arrière. C'est de cette gare que partent les trains de Via Rail.

Le **Royal York Hotel** *(100 Front Street W.)* représente une introduction de taille au centre-ville de Toronto pour qui descend du train à la Union Station. Il envoie clairement aux visiteurs le message que la «Ville-Reine» est une grande métropole qui ne s'en laisse imposer par personne.

Entrez dans la **BCE Place** par la cour située à l'est de la Canada Trust Tower. Se compose de deux tours jumelles reliées par une magnifique galerie de verre de cinq étages qui est supportée par une énorme structure de nervures métalliques blanches, la BCE Place s'étend depuis Bay Street jusqu'à Young Street. Il est très agréable de s'y arrêter quelques moments pour s'y reposer ou encore pour y manger. Vous trouverez des comptoirs de restauration rapide au rez-de-chaussée; mais, pour quelque chose de différent et d'unique, rendez-vous au **marché Möevenpick**, un heureux mélange de restaurant et de marché où vous circulez d'étal en étal en choisissant les plats qui vous semblent les plus alléchants.

C'est aussi par la BCE Place que vous pourrez accéder au célèbre **Hockey Hall of Fame** (*30 Yonge Street, ☎ 416-360-7765),* le paradis des amateurs de hockey. Vous y trouverez tout ce qui a marqué l'histoire de ce sport jusqu'à aujourd'hui. Le «temple» comporte 13 zones, lesquelles couvrent près de 6 000 m^2, soit la superficie de trois patinoires de la National Hockey League (NHL). Ne manquez surtout pas le Bell Great Hall, où vous attend la Coupe Stanley originale, offerte par Lord Stanley of Preston en 1893, le plus vieux trophée dans le domaine du sport professionnel en Amérique du Nord. Le Hockey Hall of Fame est en fait situé dans l'ancien édifice de la **Bank of Montreal**, l'un des plus vieux bâtiments du XIXe siècle encore debout aujourd'hui.

Old Town of York

C'est à l'intérieur du rectangle formé par les rues George, Berkely, Adelaide et Front que le commandant John Graves Simcoe de l'armée britannique a fondé en 1793 la ville de York, mieux connue aujourd'hui sous le nom de «Toronto». Cette partie de la ville fut pendant longtemps le centre de l'activité économique, principalement à cause de la proximité du lac Ontario. À la fin du XIXe siècle, le centre économique se déplaça lentement vers ce qui est aujourd'hui le quartiers des affaires, laissant ainsi à l'abandon tout un quartier de la cité. Tout comme le Harbourfront, le quartier St. Lawrence a fait l'objet d'un réaménagement majeur au cours des 20 dernières années, lequel a été financé par les gouvernements fédéral, provincial et municipal. On y retrouve aujourd'hui un heureux mélange d'architecture des XIXe et XXe siècles où se croisent les différents groupes socioéconomiques de la métropole.

Derrière le Berczy Park, la fresque en trompe-l'œil peinte par Derek Besant en 1980, à l'arrière du **Gooderham Building Building** *(49 Wellington St.)* est devenue une attraction très populaire à Toronto. Elle ne représente pas, contrairement à ce que beaucoup de gens croient, les fenêtres du Gooderham Building, mais plutôt la façade du Perkins Building, situé de l'autre côté de la rue au 41-43 Front Street East. L'édifice est souvent appelé «Flatiron Building» à cause de sa structure triangulaire rappelant la forme de son fameux cousin de New York, qu'il précède d'ailleurs de quelques années.

À l'intersection avec Jarvis Street, vous apercevrez le **St. Lawrence Market** *(91 Front Street E.)*. Construit en 1844, il abrite l'Hôtel de Ville jusqu'en 1904, année où Henry Bowyer Lane le transforme en marché public. Agrandi en 1978, le St. Lawrence Market est aujourd'hui réputé pour la fraîcheur de ses fruits et légumes, poissons, saucisses et fromages.

Traversez la rue en diagonale en direction du **St. Lawrence Hall** *(151 King Street E.)*, le centre communautaire de Toronto dans les années 1850-1900. De style victorien, il a été construit pour la présentation de concerts et de grands bals. Plusieurs célébrités y ont donné des spectacles, entre autres Jenny Lind, Andelina Patti, Tom Thumb et P.T. Barnum. Pendant plusieurs années, le St. Lawrence Hall logea aussi le National Ballet of Canada.

Continuez votre route vers l'ouest. Vous apercevrez le très joli **St. James Park**, un jardin du XIXe siècle avec sa fontaine et ses buissons de fleurs saisonnières. Asseyez-vous sur un des nombreux bancs, d'où vous verrez à l'angle de Church Street et de King Street la **St. James Cathedral**, la première cathédrale anglicane à être construite à Toronto. Érigée en 1819 avec l'aide d'un prêt du gouvernement d'une part et d'une contribution des nombreux fidèles d'autre part, elle fut détruite par l'incendie de 1849 qui avait alors ravagé une partie de la ville. La St. James Cathedral que vous voyez aujourd'hui fut reconstruite sur les ruines de la précédente. Elle possède le plus haut clocher de tout le Canada et le deuxième en Amérique du Nord, derrière celui de l'église St. Patrick's de New York.

Devant la cathédrale s'étend le **Toronto Sculpture Garden**. Traversez-le pour admirer les différentes sculptures qui le ponctuent jusqu'à la rue Front.

Queen Street West et le Chinatown

Les **Elgin and Wintergarden Theatres** *(189 Yonge Street, ☎ 416-363-5253 ou 872-5555)* forment ensemble le dernier complexe théâtral à deux étages encore en activité au monde. Inaugurés en 1914, ils furent d'abord des théâtres de vaudeville; l'Elgin, au rez-de-chaussée, évoquait l'opulence même, alors que le Wintergarden, à l'étage, s'imposait comme un des premiers théâtres «atmosphériques», avec ses murs à treillis et ses colonnes maquillées en troncs d'arbre sous un plafond de feuilles véritables. Après avoir fait office de cinémas pendant un certain temps, ces purs joyaux ont été restaurés par l'Ontario Heritage Centre et accueillent de nouveau des troupes théâtrales.

À une certaine époque le plus grand théâtre de vaudeville de tout l'Empire britannique, le **Pantages Theatre** *(263 Yonge Street, ☎ 416-362-3218)* eut nombre d'affectations différentes. Tantôt palais d'images, tantôt cinéma de six salles, il a retrouvé toute sa splendeur d'antan en 1988-1989. Cependant, on le connaît sans doute surtout mieux comme le lieu où est présenté *Le fantôme de l'opéra* d'Andrew Lloyd Webber.

Même si vous n'avez nullement l'intention de magasiner, donnez-vous au moins la peine de jeter un coup d'œil à l'intérieur de l'**Eaton Centre**, qui se trouve sur Yonge Street entre Queen Street et Dundas Street. Les artères (appelées «rues») qui arpentent ce centre commercial sur cinq étages sont bordées de bancs et d'arbres. En levant la tête, vous verrez le magnifique vol de bernaches en fibre de verre de Michael Snow, une œuvre intitulée *Step Flight*, laquelle a été suspendue au-dessus de la galerie marchande. Encadré par deux gratte-ciel de 30 étages et deux stations de métro (Dundas et Queen), et occupant une superficie de plus de 500 000 m^2, l'Eaton Centre renferme 320 boutiques et restaurants, deux parcs de stationnement et un cinéma de 17 salles.

Lorsque vous aurez vu suffisamment de boutiques, quittez le centre Eaton par le Trinity Square, à l'angle nord-ouest du centre commercial. Ce charmant havre a bien failli ne jamais exister. La **Church of the Holy Trinity** (1847), le **Rectory** (1861) et la **Scadding House** (1857) font partie des plus vieux monuments de Toronto, et les premiers plans du centre Eaton prévoyaient leur démolition. Fort heureusement, suffisamment de gens se sont opposés à ce projet pour qu'on décide d'ériger l'immense centre commercial autour de ces trois constructions.

Descendez James Street jusqu'à l'arrière de l'**Old City Hall** *(60 Queen Street W.)*. Son élégant campanile doté d'une horloge s'inscrit dans l'axe de Bay Street, l'artère de la haute finance par excellence au Canada. En 1965, l'Administration municipale de Toronto quitte son hôtel de ville victorien pour emménager dans le **New City Hall** *(100 Queen Street W.)*, une œuvre moderniste ayant su acquérir en peu de temps une notoriété qui en fait, avec la tour du CN, le principal symbole de Toronto. Ses deux tours courbées de hauteur inégale évoquent deux mains entrouvertes protégeant la structure en forme de soucoupe qui abrite la salle du Conseil.

Devant le nouvel hôtel de ville s'étend le **Nathan Phillips Square**, un vaste espace public où un grand bassin d'eau franchi par trois arcs se transforme en patinoire très fréquentée l'hiver venu. À proximité se trouvent *L'Archer* du sculpteur Henry Moore et le *Peace Garden*, ou jardin de la Paix, conçu en 1984 par le Urban Design Group.

Prenez bien le temps d'arpenter **Queen West** pour admirer ses librairies et ses boutiques à la mode et avant-gardistes. Le «Queen Street Village» il possède non seulement sa part d'antres étranges et *underground*, mais aussi plusieurs cafés et magasins de vêtements tout à fait conventionnels. Vous y découvrirez même quelques perles d'architecture, puisque la majorité de ces boutiques et restaurants sont installés dans des bâtiments du XIXe siècle; cependant les éléments de style victorien n'apparaissent plus généralement qu'aux étages supérieurs.

L'**Art Gallery of Ontario** *(317 Dundas Street W., ☎ 416-977-0414)* occupe une série de bâtiments dans lesquels la collection permanente est disposée dans un ordre chronologique, du XVe siècle à nos jours. Vous y verrez des œuvres contemporaines, des sculptures inuit et le magnifique Tanenbaum Sculpture Atrium. Le Henry Moore Sculpture Centre fait partie des plus grands trésors du musée. Son contenu, légué par l'artiste lui-même, constitue la plus importante collection publique des œuvres de Moore dans le monde. Les collections canadiennes historiques et contemporaines se composent, quant à elles, des pièces de premier plan signées par des artistes notoires.

Adjacente à l'Art Gallery of Ontario, **The Grange** (*Grange Park, au sud de l'AGO, ☎ 977-0414)*, première demeure du musée, est une ancienne résidence géorgienne pourvue d'un grand escalier circulaire et d'étonnants quartiers réservés aux employés de la maison; elle fut construite en 1817-1818. Cette gentilhommière est ouverte aux visiteurs.

Des enseignes aux couleurs vives, des trottoirs bondés, de la musique populaire cantonnnaise partout dans l'air, des étalages de canards rôtis, de merveilleux parfums de fruits frais et de thé de ginseng, des odeurs prenantes de durione et de poisson frais : le **Chinatown** est un festin complet pour les sens. Ralentissez donc le pas pour donner à votre cerveau le temps d'enregistrer toute l'information qu'il reçoit, et laissez-vous envoûter par toutes les merveilles et curiosités qui vous sollicitent depuis les vitrines des magasins. Vous ne le regretterez nullement. Les épiceries asiatiques, les herboristeries, les salons de thé et les commerces d'import-export sont ici légion, sans parler des nombreux petits (et moins petits) restaurants divins. Tout fait en sorte que chacun soit assuré d'y combler ses attentes. De plus, si vous êtes dans les parages le dimanche, rappelez-vous que vous pouvez en profiter pour faire l'expérience d'un délectable *dim sum* local.

Le **Kensington Market** se trouve sur Kensington Avenue, à une rue à l'ouest de Spadina Avenue entre Dundas Street et Oxford Street. Ce bazar incarne mieux que tout autre le caractère multiethnique de Toronto, puisqu'il a d'abord été un marché essentiellement est-européen avant de devenir ce qu'il est aujourd'hui, c'est-à-dire un savoureux mélange d'influences juives, portugaises, asiatiques et antillaises. La moitié inférieure de l'avenue Kensington est principalement flanquée de boutiques de vêtements d'une autre époque, tandis que la section supérieure accueille avec fierté des épiceries internationales proposant à qui mieux mieux des produits frais et délectables de tous les coins du monde. Un endroit de rêve pour faire des provisions en vue d'un pique-nique!

Queen's Park

Chacune des 10 provinces canadiennes possède sa propre assemblée législative. Situé au centre de Queen's Park, dans l'axe de l'avenue University, le **parlement provincial** *(1 Queen's Park)* abrite celle de l'Ontario. L'édifice de grès rose (1886-1892) a été dessiné dans le style néo-roman de Richardson. On remarquera les amusantes tours de couronnement de la portion centrale du parlement, qui traduisent bien le niveau d'invention élevé de ces architectes du XIXe siècle préoccupés de pittoresque et d'éclectisme.

Les quelque 40 pavillons de la **University of Toronto** *(entre Spadina Road à l'ouest, Queen's Park Crescent à l'est, College Street au sud et Bloor Street W. au nord)* sont disséminés sur un vaste campus de verdure à la mode anglaise. Dotée d'une charte dès 1827, l'institution ne prendra véritablement son envol qu'avec la construction du premier pavillon en 1845 (aujourd'hui démoli). Mais les rivalités religieuses ralentiront considérablement les progrès de l'université, chaque dénomination voulant créer sa propre institution de haut savoir. Dans la décennie suivante, Toronto comptera jusqu'à six universités, toutes rachitiques. Il faudra attendre leur unification partielle dans les années 1880 pour voir s'épanouir le campus. De nos jours, l'université de Toronto est considérée comme une des plus importantes en Amérique du Nord.

Bloor Street et Yorkville Avenue

Le **Royal Ontario Museum** (*métro Museum; stationnement payant; 100 Queen's Park, ☎ 416-586-5549 ou 586-5551)* est le plus grand musée public du Canada. Également centre de recherche, le «ROM» veille sur six millions de trésors artistiques, archéologiques et naturels. En pénétrant à l'intérieur du bâtiment vaguement romanisant, vos yeux seront captivés par le plafond de verre vénitien qui représente une mosaïque de cultures. Puis, vous lèverez de nouveau les yeux, cette fois pour admirer les deux grands totems qui encadrent le hall d'entrée, l'un d'eux faisant près de 25 m de hauteur, si bien qu'il ne lui manque qu'une dizaine de centimètres pour toucher le plafond! Devant la variété des expositions présentées ici, des chauve-souris aux dinosaures et des Romains aux Nubiens, vous devriez d'abord et avant tout opter pour la Mankind Discovering Gallery (galerie de la découverte de l'humanité), où vous seront présentés le plan d'aménagement et le mode d'exploitation du «ROM». Les choix qui s'offrent à vous sont pour le moins renversants. Retenons la galerie des dinosaures; la galerie romaine; la collection de textiles; les galeries de l'Asie orientale, où vous trouverez certains des plus précieux joyaux du musée, soit la collection d'art et d'antiquités de la Chine, renfermant une tombe Ming, ainsi que la galerie Bishop White; la galerie de l'Égypte antique et la galerie de la Nubie; le Canadiana Sigmund Samuel, une collection d'objets décoratifs; et, le clou de la visite, la Bat Cave. Bref, les possibilités offertes par le «ROM» aux chapitres de la découverte et de l'exploration sont pour ainsi dire illimitées.

Du côté est de Queen's Park Avenue, le **George R. Gardiner Museum of Ceramic Art** *(111 Queen's Park, ☎ 416-593-9300)* renferme une étonnante collection de porcelaines et de poteries. Quatre galeries y retracent l'histoire de l'humanité à travers des ouvrages mayas et olmèques, depuis l'ère précolombienne jusqu'aux trésors européens des cinq derniers siècles.

D'entrée de jeu, vous êtes à même d'entreprendre une folle expédition de magasinage autour des chic artères Bloor et Yorkville. Le secteur qui s'étend au nord et à l'ouest des rues Bloor et Bedford formait jadis le village de Yorkville, constitué en municipalité en 1853 et demeuré localité distincte jusqu'en 1883, date à laquelle il fut annexé à la ville de Toronto. Il s'agissait d'une élégante ville-dortoir située à faible distance de la métropole, en pleine expansion un peu plus au sud. Les premiers signes de sa mutation vers une identité plus avant-gardiste sont apparus dès l'après-guerre, lorsque ses résidences du XIXe siècle ont peu à peu été reconverties en cafés et en boutiques, et que Yorkville est devenue le point de convergence des artisans de la musique folk canadienne. L'embourgeoisement final du quartier a pris son envol au cours des années soixante-dix et quatre-vingt, et, depuis ce temps, les propriétaires de gratte-ciel et de complexes à vocations multiples de la rue Bloor se sont efforcés de tirer le meilleur parti de la situation en faisant grimper les coûts de location, aujourd'hui devenus astronomiques.

Le côté nord de Cumberland Street, entre Avenue Road et Bellair Street, est bordé de chic boutiques et galeries, tandis que le côté sud est récemment devenu le **Village of Yorkville Park**. Ce parc urbain, aménagé au-dessus d'une station de métro, s'impose comme un exemple peu commun d'écologie urbaine, d'histoire locale et d'identité régionale. Il se divise en 13 zones, chacune représentant une facette de la géographie de la province. L'énorme rocher en marge de son centre est de granit et provient du Bouclier canadien.

The Annex

Au nord et à l'ouest de l'intersection de Bloor Street et d'Avenue Road, ainsi qu'au nord-ouest des rues Dupont et Bathurst, s'étend un secteur qui fut annexé à la ville de Toronto en 1887, et qui porte aujourd'hui à juste titre le nom de «The Annex». Comme il s'agit d'une banlieue conçue sur plan, une certaine homogénéité architecturale y prévaut, tant et si bien que même les pignons, les tourelles et les corniches qui font sa marque s'alignent tous à égale distance de la rue.

Partez de l'angle des rues St. George et Bloor, à quelques pas seulement de la station de métro St. George et des nouveaux locaux du **Bata Shoe Museum** *(327 Bloor Street W., ☎ 416-979-7799)*. Ce musée, le premier du genre en Amérique du Nord, renferme 10 000 paires de chaussures et offre une perspective incomparable sur les différentes cultures de la planète. Ce nouveau bâtiment a été dessiné par l'architecte Raymond Moriyama de manière à ressembler à une boîte à chaussures. Parmi les plus mémorables pièces exposées, retenons les bottes des astronautes des missions Apollo, les hautes sandales de geisha et une superbe paire d'escarpins en cuir verni ayant appartenu à Elvis Presley.

Les Canadiens sont connus pour leur retenue, leur modestie et leur discrétion. Il fallait tout de même une exception à cela : **la Casa Loma** *(1 Austin Terrace, ☎ 416-923-1171)*, un immense «château» écossais de 98 pièces construit en 1914 pour l'excentrique colonel Sir Henry Mill Pellatt (1859-1939). Sa demeure palatiale comprend, entre autres un vaste hall qui est doté d'un orgue à tuyaux et qui peut accueillir plus de 500 invités, une bibliothèque de 100 000 volumes et un cellier. Au cours de la visite «autoguidée», on repérera plusieurs passages secrets et pièces à la dérobée. Du sommet des tours, on y a de belles vues sur le centre de Toronto.

Autres attraits

L'**Ontario Science Centre** (*770 Don Mills Rd., ☎ 416-429-4100, Internet : http://www.osc.on.ca)* a attiré plus de 30 millions de personnes depuis son ouverture, le 27 septembre 1969. Ce qui est particulier au centre et ce qui le rend par la même occasion si intéressant, ce sont les diverses démonstrations et expériences auxquelles vous pouvez participer. Le Science Centre a maintenant son cinéma OMNIMAX, une version améliorée du cinéma IMAX. Situé à l'entrée du Science Centre, OMNIMAX peut recevoir 320 personnes sous un énorme dôme de 24 m de diamètre doté d'une sonorisation haute-fidélité.

Premier du genre au pays, le **Paramount Canada's Wonderland** (*9580 Jane Street, Vaughan, ☎ 905-832-7000; à 30 min du centre-ville, sortie Rutherford de l'autoroute 400, suivez les panneaux indicateurs; du métro Yorkdale ou York Mills, prenez l'autobus express spécialement marqué GO)* est l'endroit tout indiqué si vous disposez d'une journée libre et que vous désirez faire plaisir à vos enfants. Les manèges à vous mettre sans dessus dessous, un parc aquatique et les spectacles du nouveau Kingswood Theatre sauront combler petits et grands. Récemment acquis par Paramount, le site est parcouru par des personnages de Star Trek et par d'autres vedettes appréciées des Canadiens, telles que Scooby Doo et Fred Flinstone. Les restaurants aménagés sur les lieux ne feront peut-être pas votre bonheur, de sorte que vous feriez bien de songer à emporter vos provisions.

Pour une balade dépaysante à souhait au cœur de Toronto, il faut se rendre au **Jardin zoologique de Toronto** (*suivez l'autoroute 401 jusqu'à la sortie 389, puis prenez Meadowvale Drive, ☎ 416-392-5900)*, où vous pourrez observer quelque 4 000 animaux de tous les coins du globe. La visite du pavillon d'Afrique se révélera particulièrement intéressante, car il s'agit d'une grande serre dans laquelle le climat et la végétation de ce continent ont été recréés. Bien sûr, la faune canadienne est aussi à l'honneur.

Paisible hameau à la limite de la grande banlieue de Toronto, Kleinberg attire essentiellement les visiteurs en raison du **musée McMichael** (*prenez l'autoroute 400, puis suivez Major Mackenzie Drive jusqu'à Islington Avenue, ☎ 416-893-1121),* qui renferme une des plus belles collections d'art canadien et autochtone du Canada. Une superbe maison en rondins et en pierre, construite aux alentours des années cinquante pour les McMichael, abrite le musée. Les galeries, vastes et claires, présentent une fort belle rétrospective des œuvres de Tom Thomson ainsi que du Groupe des Sept.

Sortir à Toronto

Depuis un certain temps, ce n'était pas pour y passer une nuit blanche qu'on se rendait à Toronto. Mais une nouvelle loi permettant aux bars et aux discothèques de rester ouverts jusqu'à 2 h du matin (au lieu de 1 h) va transformer le *nightlife* de la Ville-Reine, sans parler de l'industrie du spectacle, qui fait de Toronto le troisième centre théâtral en importance du monde anglophone. Avec des activités culturelles, de grands festivals et des matchs professionnels de hockey, de base-ball, de football américain et de basket-ball, auxquels s'ajoutent des événements sportifs d'envergure internationale, Toronto a suffisamment à offrir pour répondre à l'attente de chacun.

Le Queen Street Village, le Waterfront, le Village Gay, le Danforth, The Annex et la Petite Italie sont autant de quartiers où vous pourrez festoyer à votre gré.

Qu'il s'agisse de théâtre, de danse ou d'opéra, le choix est presque infini, trop vaste en tout cas pour en faire le tour ici. Voici quand même quelques endroits susceptibles d'avoir à l'affiche un spectacle qui saura vous plaire : le Roy Thompson Hall pour les concerts de l'Orchestre symphonique de Toronto, le Hummingbird Centre pour les spectacles de la Canadian Opera Company et du National Ballet of Canada ainsi que pour le théâtre, le Royal Alexandra Theatre, le Princess of Wales Theatre, l'Elgin Theatre et le Wintergarden Theatre, le Théâtre Français de Toronto, le Young People's Theatre et le Théâtre Passe Muraille pour ne nommer que ceux-là.

Pour un repas amusant, rendez-vous au **Wayne Gretzky's** *(99 Blue Jays Way, ☎ 416-979-PUCK)*, le bar par excellence des amateurs de sport où l'on peut voir des trophées ainsi que des chandails et des patins ayant appartenu au célèbre joueur de hockey.

Le **Toronto International Film Festival** *(☎ 416-968-FILM)*, au début de septembre, attire une foule de célébrités. Le **Du Maurier Downtown Jazz** *(☎ 416-363-8717 ou 363-5200)* présente des spectacles de jazz, de blues et de gospel à la fin du mois de juin. Quant au **Caribana** *(☎ 416-925-5435)*, un festival de musique des Caraïbes, qui se déroule à la fin juillet et au début août, et le **Metro International Caravan**, qui a lieu à la mi-juin, ils célèbrent le côté multiethnique de Toronto. Finalement, le **Grand Prix Molson Indy** *(☎ 416-260-9800)* parcourt les rues de Toronto à la mi-juillet.

LE SUD-OUEST DE L'ONTARIO

Les terres du sud-ouest de l'Ontario, habitées par les Indiens Hurons, Pétuns, Ériés et Neutres, ont à maintes reprises été au centre des convoitises des Iroquois, dont le territoire s'étendait au sud du lac Érié. Avec l'arrivée des Européens, ces querelles se transforment en guerre sanglante qui atteint son apogée de 1645 à 1655, alors que les Iroquois, armés de fusils, attaquent ces nations amérindiennes; au terme de ce conflit, des dizaines de milliers de Hurons, de Pétuns, d'Ériés et de Neutres qui vivaient sur ces terres, seule une poignée subsiste. Vainqueurs, les Iroquois s'approprient le territoire. Ils n'y demeurent cependant pas très longtemps, car, au cours des années qui suivent, d'autres nations amérindiennes, notamment les Mississaugas, parviennent à reprendre ces terres, repoussant les Iroquois sur leurs terres d'origine. Bien qu'ils soient victimes de conflits armés et de maladies, entre autres la grippe et la variole apportées par les Blancs, les autochtones contrôlent de ce territoire jusqu'à la fin du XVIIIe siècle, au moment où les Anglais commencent à coloniser la région. Aujourd'hui, les Amérindiens qui y résident sont relativement peu nombreux, mais plusieurs sites touristiques ont été mis sur pied afin de familiariser les visiteurs avec la culture des premières nations qui ont peuplé cette partie de l'Ontario.

Les premiers colons, des cultivateurs pour la plupart, y ont trouvé à leur tour des terres fertiles qui ont permis de faire de cette région le grenier de l'Ontario. Ils sont en outre parvenus à y cultiver vignes et vergers en raison du microclimat bien particulier des berges du lac Érié. Peu à peu, les habitants à s'établir sur ces terres se sont faits plus nombreux, et de belles villes se sont développées, notamment London, Kitchener-Waterloo, Windsor et Hamilton. Enfin, cette région comprend également un formidable site naturel : les chutes du Niagara.

Hamilton

En janvier 1815, George Hamilton élabore les plans de la ville. Elle prospère au XXe siècle grâce à diverses industries, notamment celles de l'acier, de l'électroménager et de l'automobile. Toutes ces usines ont d'ailleurs fortement marqué les paysages aux abords de la ville, vastes, sombres et austères.

Hamilton est tout de même agréablement installée au bord du lac Ontario, le long duquel de fort beaux parcs ont été aménagés, entre autres les parcs **Bayfront** et **Dundurn**, où vous pourrez vous balader à pied ou à vélo, profiter des bancs et des tables à pique-nique, ou encore contempler l'animation de la marina. Cette partie de la ville ainsi que le quartier résidentiel situé à flanc de colline, où ont été construites de superbes demeures victoriennes, possèdent sans doute les plus jolis attraits. Le centre-ville et ses abords, le long de King Street, n'ont pour leur part rien de particulier pour attirer les promeneurs, si ce n'est le plaisant **Village Hess**, composé d'élégantes demeures, de boutiques et de restaurants.

Considéré comme le joyau de Hamilton, **Dundurn Castle** *(York Blvd., ☎ 905-546-2872)* peut justement être qualifié de «château» en raison de ses dimensions imposantes et de son architecture, une adroite combinaison du palladianisme anglais et de l'architecture de la Renaissance italienne des villas toscanes. Il fut bâti en 1835 pour Sir Allan MacNab, premier ministre du Canada-Uni de 1854 à 1856. Restauré, meublé et décoré tel que vous auriez pu le voir en 1855, ce château de 35 pièces somptueuses vous fera connaître tout un pan de la bourgeoisie du XIXe siècle. Les pièces les plus fascinantes sont peut-être celles situées au sous-sol, autrefois habitées par les domestiques, car elles permettent de se faire une idée de leur difficile «vie de château».

Les **Royal Botanical Gardens** *(chemin Plains, à l'intersection de la route 6 et de l'autoroute 403, ☎ 905-527-1158)* vous donnent l'occasion de faire une balade unique à deux pas du centre-ville de Hamilton, dans des parterres où s'épanouissent une multitude de fleurs et à travers des habitats naturels merveilleusement préservés. Ainsi, une bonne partie de ce parc, qui s'étend sur quelque 1 000 ha, est composée d'un jardin nommé le «paradis des foulques», qui comprend des sentiers sillonnant marais et ravins boisés. En plus d'arpenter cette aire naturelle, vous pourrez vous balader dans différents jardins dont la roseraie, la rocaille, où s'épanouissent de milliers de fleurs au printemps, et le jardin de lilas, le plus grand du monde. Ce parc pourra vous séduire en toute saison, car, bien qu'en hiver les jardins extérieurs perdent de leurs attraits, des serres présentent diverses expositions florales.

Burlington

À l'extrémité ouest du lac Ontario se trouvent, au nord, Burlington et, au sud, Hamilton, deux villes côte à côte formant pratiquement une seule agglomération et reliées par le Beach Boulevard. Burlington, la moins peuplée des deux, est une ville résidentielle paisible qui a peu à offrir aux visiteurs, si ce n'est son petit **musée Joseph Brant** *(1240 North Shore E. Blvd., ☎ 905-634-3556)*, dernière demeure de ce capitaine mohawk, qui renferme quelques souvenirs et objets.

St. Catharines

St. Catharines a connu son essor avec la réalisation des canaux de Welland; au total, quatre canaux ont été creusés, le premier ayant été construit en 1829, et l'actuel, le quatrième, en 1932. Ce canal, qui relie les lacs Ontario et Érié, a été conçu afin de surmonter un obstacle naturel de taille, l'escarpement du Niagara, dont la dénivellation de 99,5 m serait infranchissable autrement. Long de 42 km et comportant huit écluses, il permet aux bateaux de se rendre de St. Catharines à Port Colborne. Tout le long du canal, des points de vue ont été aménagés, et St. Catharines offre certainement le plus captivant : le **complexe d'observation de l'écluse 3 du canal de Welland** *(entrée libre; le canal est fermé à la navigation de déc à mars; du QEW, prenez la sortie Glendale Avenue, et suivez les panneaux indicateurs, ☎ 905-684-2361)*. Une vaste terrasse d'observation permet aux visiteurs de se poster devant l'écluse et d'y observer le passage des bateaux.

Niagara-on-the-Lake

L'histoire de Niagara-on-the-Lake remonte à la fin du XVIIIe siècle, alors que la ville se nomme «Newark» et qu'elle est choisie, de 1791 à 1796, comme capitale du Haut-Canada. Il ne demeure cependant rien de cette époque, car, au cours de la guerre de 1812, qui opposa les colonies britanniques aux États-Unis, elle est incendiée. Au lendemain de cette invasion, la ville est reconstruite, et d'élégantes demeures de style anglais y sont alors érigées, lesquelles ont été merveilleusement bien conservées, et confèrent encore aujourd'hui tout son charme à ce village situé à l'embouchure de la rivière Niagara. Ces résidences, dont certaines ont été reconverties en auberges élégantes, accueillent, chaque année, des vacanciers venus de partout profiter de l'atmosphère très anglaise, se reposer tout en se baladant dans une des coquettes rues, pour se délecter dans un des délicieux restaurants ou assister à l'une des représentations théâtrales du réputé **festival Shaw** *(21 $ à 60 $, pour réservation ☎ 905-468-2172 ou 1-800-511-7429, ⇄ 468-3804, Internet : http://www.shawfest. com/shaw.html)*. Ce festival a lieu tous les ans depuis 1962, et, du mois d'avril au mois d'octobre, vous aurez l'occasion d'assister à de nombreuses pièces de théâtre tirées de l'œuvre de Bernard Shaw dans un des trois théâtres de la ville : les **Festival Theatre**, **Court House Theatre** et **Royal George Theatre**.

En 1812, la guerre éclate entre les États-Unis nouvellement indépendants et le Canada; la région de Niagara-on-the-Lake est alors au cœur des hostilités. Le **parc historique du fort George** *(Niagara Parkway South, ☎ 905-468-4257)* rappelle les événements violents qui marquèrent le village. Dans l'enceinte, vous pourrez découvrir entre autres les quartiers des officiers, la salle des gardes et les casernes.

La région de Niagara-on-the-Lake est également connue comme la région vinicole de l'Ontario. Ces vignobles sont d'ailleurs nombreux, et, tout le long de la route, vous apercevrez de vastes champs zébrés. Certains producteurs proposent des visites de leurs installations. En voici quelques-uns :

Hillebrand Estates Winery
Aurotoute 55
Niagara-on-the-Lake
☎ 905-468-7123

Konzelmann
1096 Lakeshore Dr.
Niagara-on-the-Lake
☎ 905-935-2866

Stonechurch
Route 87
Niagara-on-the-Lake
☎ 905-935-3535

Château des Charmes
1025 York Rd.
St. David (non loin de Queenston)
☎ 905-262-5202

Queenston

Joli hameau qui s'est développé le long de la rivière Niagara, Queenston comprend quelques maisonnettes et des jardins verdoyants. Il est surtout connu comme l'endroit où habita Laura Secord.

La **maison de Laura Secord** *(Queenston Heights St., ☎ 905-684-1227)*. Laura Secord, née Ingersoll au Massachusetts en 1775, épouse James Secord en 1795 et vient s'établir à Queenston quelques années plus tard. Elle devint célèbre durant la guerre de 1812, alors que, mise au courant d'une attaque imminente des Américains, elle courut quelque 25 km pour en avertir l'armée britannique, qui parvint alors à repousser les troupes ennemies. Aujourd'hui, on associe surtout son nom à une marque de chocolat, que vous pourrez d'ailleurs goûter, car une boutique de chocolats est attenante à la maison.

Niagara Falls

Les chutes du Niagara, spectacle naturel saisissant, attirent une foule de visiteurs depuis, dit-on, que le frère de Napoléon y serait venu avec sa jeune épouse. Juste à côté, la ville de Niagara Falls est entièrement vouée au tourisme, et son centre-ville se compose d'une succession de commerces sans charme : motels quelconques, musées sans intérêt, comptoirs de restauration rapide, le tout rehaussé d'une ribambelle d'enseignes colorées. Ces commerces ont poussé anarchiquement, et jamais on ne s'est préoccupé d'un quelconque esthétisme. À n'en point douter, les chutes du Niagara sont un véritable trésor de la nature, mais la ville mérite qu'on la boude.

Les **chutes du Niagara** furent formées il y a quelque 10 000 ans, au moment où le recul des glaciers dégageait l'escarpement du Niagara en détournant les eaux du lac Érié vers le lac Ontario. Cette formation naturelle offre un tableau d'une rare beauté de deux chutes côte à côte : la chute américaine, haute de 64 m et large de 305 m, avec un débit de 14 millions de litres d'eau par minute, et la chute canadienne, qui a la particularité d'avoir la forme d'un fer à cheval. Cette dernière est haute de 54 m et large de 675 m, et a un débit de 155 millions de litres d'eau par minute. L'escarpement rocheux des chutes étant constitué de pierres tendres, les chutes rongeaient la paroi rocheuse d'environ 1 m chaque année avant qu'on ne détourne une partie de cette eau pour alimenter les centrales hydroélectriques situées non loin. Aujourd'hui, la paroi recule d'environ 0,3 m par an.

Qui peut rester impassible face à ces flots en furie se précipitant en ce gouffre dans un vrombissement de tonnerre? Cette nature qui semble indomptable en a inspiré plus d'un. Ainsi, au début du XXe siècle, quelques intrépides voulurent montrer leur bravoure en sautant dans les chutes à bord d'un simple tonneau ou encore en marchant au-dessus de celles-ci sur un fil tendu de part et d'autre; plusieurs en moururent. Une loi votée en 1912 interdit depuis lors ce genre d'exploits afin de protéger le site des spéculateurs.

Dès 1885, la nature environnant les chutes fut également protégée du développement commercial trop rapide grâce à la création du **parc Victoria**, un délicieux jardin de verdure qui longe la rivière.

Outre les **points de vue** saisissants qui font face aux chutes, vous pourrez regarder les chutes sous à peu près tous les angles. Probablement l'excursion la plus palpitante est-elle celle du ***Maid of the Mist*** *(5920 River Road, ☎ 905-358-5781)*, un petit bateau qui vous entraîne au pied des chutes.

Le **téléphérique espagnol** *(Niagara Parkway, ☎ 905-356-2241)* vous emmène contempler les chutes depuis une hauteur de 76,2 m.

Il est également possible de se rendre derrière la chute canadienne grâce aux **tunnels panoramiques Table Rock** *(Victoria Park, ☎ 905-358-3268)*, au nombre de trois, d'où vous pourrez sentir de plus près ces trombes d'eau.

Que diriez-vous d'une balade dans les airs au-dessus des chutes? De telles expéditions sont organisées par l'entreprise **Hélicoptère Niagara** *(3731 Victoria Ave., ☎ 905-357-5672)*.

Vous pourrez aussi opter pour une **descente dans la gorge** *(4330 River Rd., ☎ 905-356-1221)*, un ascenseur vous permettant de vous rendre jusqu'aux rapides.

Niagara compte également d'innombrables musées, certains d'un intérêt plutôt douteux. Plusieurs d'entre eux ont poussé dans le quartier Clifton Hill, le centre-ville de Niagara Falls.

Si vous disposez de suffisamment de temps, allez visiter le **musée de Niagara Falls** *(5651 River Rd., ☎ 905-356-2151)*, qui présente diverses collections allant des momies égyptiennes aux souvenirs des intrépides ayant tenté de vaincre les chutes.

Le **cinéma Imax** *(6170 Buchanan Ave., ☎ 905-374-4629)* projette sur écran géant un film sur les chutes.

Les personnes souhaitant oublier quelques instants les chutes pour assister à des spectacles d'otaries, de dauphins et de baleines se rendront au **Marineland** *(7657 Portage Rd., ☎ 905-356-9565)*. En outre, un petit zoo et des manèges sauront amuser les enfants.

Les personnes qui voyagent à Niagara Falls et qui désirent se distraire un peu tout en mettant la chance de leur côté peuvent maintenant accéder au tout nouveau **casino de Niagara Falls** *(5705 Falls Avenue, ☎ 905-374-5964 ou 1-888-946-3255, ⇄ 374-5998)*. Vaste et aménagé dans un beau bâtiment moderne, il renferme des tables de black-jack et de baccara, ainsi que nombre de machine à sous, de quoi plaire aux joueurs de tout acabit.

Fort Erie

Fort Erie, une petite ville sans grand charme, est située à la jonction de la rivière Niagara et du lac Érié. Le pont de la Paix la relie à Buffalo, aux États-Unis, ce qui en fait un poste-frontière majeur dans la région. Plus au sud, à l'extrémité de la rivière, se dresse le **fort Erie** *(☎ 905-871-0540)*, une construction de pierre qui veille depuis 1764 sur la région. Partiellement tombé en ruine au fil des ans, il a été restauré et abrite aujourd'hui du matériel militaire ayant appartenu aux troupes anglaises et américaines. Autour du fort est aménagé un beau parc.

Port Colborne

C'est à Port Colborne, situé au bord du lac Érié, que se trouve l'écluse n° 8, la dernière du canal Welland. Vous pourrez l'observer de plus près en vous rendant au **parc Fountain View**. Mis à part l'écluse, qui est une des plus grandes écluses simples du monde, la ville ne possède pas d'attrait particulier.

Guelph

Le romancier écossais John Galt, connu pour ses ouvrages sur Lord Byron, fit divers voyages dans le Haut-Canada pour le compte de la Canada Company. Il y demeure d'ailleurs de 1826 à 1829, fondant Guelph en 1827 au bord de la rivière Speed. Afin que cette ville soit agréable, il prévoit un aménagement bien particulier pour l'époque en créant de vastes parcs et de larges artères. Aujourd'hui, cette ville dynamique est renommée pour son université, **University of Guelph**, dont les magnifiques bâtiments sont situés au sud de la rivière Speed.

Sur le campus de l'université, le **centre des arts MacDonald Stewart** *(358 Gordon St., ☎ 905-836-1482)* présente une fort belle collection d'objets d'art canadiens et inuit, exposée dans de vastes salles bien aménagées où des explications claires sur les œuvres sont données aux visiteurs.

Le centre-ville de Guelph, aux rues sinueuses, comprend plusieurs bâtiments commerciaux et publics d'intérêt, entre autres le **Guelph City Hall** *(59 Carden St.),* qui domine sur une petite place publique. Cet élégant hôtel de ville au vocabulaire néo-Renaissance, atténué par l'architecte William Thomas, a été construit en 1857.

L'imposante église **Our Lady of the Immaculate Conception** culmine au-dessus de l'hôtel de ville. Les Irlandais fuyant la maladie de la pomme de terre et les Canadiens français venus du Québec dans l'espoir d'un avenir meilleur constituaient le principal bassin de paroissiens pour les églises catholiques de l'Ontario au XIXe siècle. Cette église est d'ailleurs le chef-d'œuvre d'un architecte d'origine irlandaise, Joseph Connolly, réalisé pour un curé canadien-français entreprenant, le père Hamel. Les familles de ces communautés étant plus nombreuses que la moyenne, il fallait voir grand. Connolly a choisi de conférer le style néo-gothique de la cathédrale de Cologne, en Allemagne, à l'église, dont la construction s'est étalée de 1876 à 1926. On remarquera plus particulièrement la haute abside entourée de multiples absidioles à l'arrière de l'édifice, seul élément de l'église qui peut véritablement s'apparenter au modèle germanique.

Kitchener-Waterloo

Au lendemain de la guerre d'Indépendance américaine, les personnes ayant refusé de prêter main-forte aux troupes américaines se voient persécutées; c'est ainsi que des mennonites, ayant refusé de prendre les armes en respect de leurs croyances religieuses, décident d'immigrer en Ontario, où des terres fertiles à bons prix les attendent. Il s'agit d'une première vague d'immigrants, lesquels arrivent à la toute fin du XVIIIe siècle. D'autres colons, notamment d'origine allemande, viennent s'établir dans la région pour fonder des villes comme Kitchener. Aujourd'hui encore, une bonne partie de la population de Kitchener-Waterloo est de cette descendance. D'ailleurs n'y fête-t-on pas, tous les ans, l'**Oktoberfest**, le plus important festival de ce genre en dehors de l'Allemagne?

> ### Oktoberfest
>
> Le festival d'octobre, l'Oktoberfest, est un événement majeur dans la région; il rappelle les origines allemandes d'une bonne partie de la population. Ce festival, le plus gros de ce genre en dehors de l'Allemagne, est alors l'occasion d'ouvrir des comptoirs pour y servir saucisse, choucroute et bière dans une ambiance de fête. De nombreuses activités sont aussi organisées pendant le festival.

Au début, Kitchener et Waterloo étaient deux villes voisines, mais, s'étant toutes deux étendues, elles en sont venues à former une seule grande agglomération, aussi les autorités ont-elles décidé de les fusionner. C'est pourquoi la ville comprend deux centres-villes, l'un sur King Street, près d'Erb Street East (Waterloo), et l'autre le long de King Street West, autour de Queen Street (Kitchener). Bien que, par endroits, on sente encore que la fusion n'a pas permis de complètement effacer la limite entre les deux villes, Kitchener-Waterloo constitue une agglomération plaisante qui possède quelques sites touristiques dignes de mention.

Le **Seagram Museum** *(57 Erb St. W., ☎ 519-885-1857)* occupe un ancien entrepôt de la distillerie Seagram et propose une fascinante exposition relative à la distillerie. En y entrant, vous remarquerez l'immense aire où étaient jadis stockés quelque 70 000 barils de whisky; quelques-uns s'y trouve encore. La visite du musée vous fera connaître les diverses étapes de fabrication du whisky, de la récolte du grain à la distillation.

Situé tout près du Seagram Museum, se trouve la **Canadian Clay and Glass Gallery** est un musée qui regroupe diverses collections de produits céramiques et d'objets en verre, dont celle offerte par le fabricant de silice Indusmin. On peut notamment y voir des œuvres d'artistes canadiens comme Denise Bélanger-Taylor, Irene Frolic, Joe Fafard et Sadashi Inuzuka. Depuis 1993, le musée loge dans un nouvel édifice réalisé par les architectes vancouverois John et Patricia Patkau.

À l'angle de King Street et de Queen Street se dressent l'hôtel de ville ainsi que la galerie marchande Market Square, où se tient, tous les samedis matin, le **Farmer's Market**.

Vous pourrez vous faire une idée de la simplicité de la maison mennonite au siècle dernier en visitant la **maison de Joseph Schneider** *(466 Queen St. S., ☎ 519-42-7752)*, l'ancienne résidence d'un mennonite allemand. Des guides animent les lieux et expliquent le mode de vie rustique et austère des membres de la communauté mennonite.

Le**Lieu historique national de Woodside** *(528 Wellington St. N., ☎ 519-742-5273)*. William Lyon Mackenzie King, premier ministre du Canada de 1921 à 1930 et de 1935 à 1948, passa une partie de son enfance ici, de l'âge de 5 ans à l'âge de 11 ans. Sa maison, maintenant restaurée et remeublée telle qu'elle était quand il y habitait, est ouverte au public. Après la visite, vous pourrez profiter du magnifique parc boisé qui entoure la demeure.

St. Jacobs

Juste à côté de Kitchener-Waterloo se trouve le coquet village de St. Jacobs ou «Jacobstettel», comme il se nommait naguère. Il tire ses charmes de sa rue principale, bordée de boutiques d'artisans dont les vitrines forment à elles seules un tableau captivant qu'on pourrait contempler durant des heures sans se lasser. Ce village mennonite, qui a su conserver des allures d'une autre époque, est envahi tout au long de l'année par une foule de flâneurs attirés par les jolies boutiques et par l'atmosphère paisible qui émane de ses rues.

Les personnes curieuses d'en savoir plus sur les mennonites devraient aller au **Meeting Place** *(33 King St., ☎519-664-3518)*, où elles pourront voir un film d'une trentaine de minutes sur cette communauté religieuse.

Deux fois par semaine, les fermiers de la région se rendent au **marché agricole de St. Jacobs** (Farmer's Market) pour y vendre leurs produits ainsi que de l'artisanat. Il s'agit alors d'une occasion rêvée pour se procurer de délicieuses denrées locales et assister à un spectacle pittoresque.

Stratford

C'est un commerçant, Tom Patterson, grand amateur de Shakespeare, qui eut l'idée de mettre sur pied un festival Shakespeare en 1951. Jusqu'alors un simple hameau, Stratford est devenue une séduisante petite ville qui attire, chaque année, une foule de visiteurs venus assister à l'une des pièces de théâtre de très haute qualité présentées dans le cadre du festival ou encore profiter d'une ville coquette à souhait. Outre un centre-ville attrayant, la ville bénéficie d'un parc splendide, le **Queen's Park**, aménagé au bord de la rivière Avon, dans laquelle nagent canards, bernaches et cygnes. Dans le parc se dresse le Festival Theatre, où se jouent quelques-unes des œuvres dramatiques.

Le **festival de Stratford** a lieu tous les ans, de mai à novembre, période durant laquelle sont présentées diverses pièces tirées du répertoire de Shakespeare ainsi que d'autres œuvres d'auteurs classiques. Afin d'accueillir un public nombreux, la ville compte trois scènes : le **Festival Theatre** *(55 Queen St.)*, l'**Avon Theatre** *(99 Downie Street)* et le **Tom Patterson Theatre** *(Lakeside Dr.)*. Pour réserver ses places ou pour obtenir des renseignements sur le calendrier du festival :

Stratford Festival Box Office
P.O. Box 520
Stratford, Ont.
N5A 6V2
☎ (519) 273-1600
☎ 1-800-567-1600
⇄ (519) 273-6173

St. Marys

Surnomée Stonetown (la ville de pierre), St. Marys a su préserver de magnifiques édifices qui rappellent son passé cossu. Au centre-ville, Church Street est bordée de quelques-uns de ces magnifiques bâtiments dont l'**hôtel de ville**, érigé en 1891 avec des pierres extraites des carrières de la région. Un peu plus loin, l'**Opera House** attirera sûrement votre attention. Construite en 1879 par James Elliott, elle abritait, à l'origine, des boutiques au rez-de-chaussée et un théâtre à l'étage; elle fut par la suite transformée en moulin. Aujourd'hui rénovée, elle renferme des boutiques et des appartements privés.

Brantford

Thayendanegea, mieux connu sous le nom de «Joseph Brant», a laissé son nom à cette ville plutôt morose dont le centre-ville semble aujourd'hui avoir été déserté par ses commerçants. Ce n'est cependant pas pour contempler ses édifices qu'on s'y rend, mais pour mieux connaître la culture iroquoise.

Aux limites de la ville, vous apercevrez une petite église blanche, la **Royal Chapel of the Mohawks**, qui constitue la plus vieille église protestante de l'Ontario et qui fut érigée parordre du roi George III en remerciement aux Iroquois pour l'aide qu'ils ont apportés aux Canadiens durant la guerre d'Indépendance américaine.

En continuant sur Mohawk Street, vous arriverez au centre culturel Woodland.

Le **centre culturel Woodland** *(3 $; lun-ven 8 h 30 à 16 h, sam-dim 10 h à 17 h; 184 Mohawk St., ☎ 519-759-2650, poste 230)* retrace l'histoire de la confédération iroquoise des Six Nations. Vous pourrez y voir différents objets, comme des outils, des vêtements, des *wanpum* (ceintures traditionnelles) et des produits d'artisanat. Racontant sans façon quelques pans des traditions et coutumes iroquoises, il mérite une petite visite.

Alexander Graham Bell, né à Edimburg (Écosse) en 1847, vint s'établir à Brantford avec ses parents en 1870. La maison où il habita de 1870 à 1881, la **Bell Homestead** *(2 $; mar-dim 10 h à 18 h; 94 Tutela Heights, ☎ 519-756-6220)*, est aujourd'hui ouverte au public. Décorée comme autrefois, lorsqu'il y demeurait, elle abrite diverses inventions qu'il a mises au point.

London

L'énergique colonel John Graves Simcoe, premier lieutenant-gouverneur du Haut-Canada, a joué un rôle marquant pour le développement de la jeune colonie britannique. C'est lui qui opte pour diviser le territoire de la région de London en *town-ships* (plan en damier). Son plan prévoit en outre la fondation d'une ville, London (1793), qui doit devenir le siège de la capitale du Haut-Canada, mais qui ne le sera jamais. Il attire également les colons dans la région, entre autres des agriculteurs venus des États-Unis, en leur offrant des terres fertiles à bons prix. Parmi ces loyalistes de la «onzième heure», comme ils furent appelés car ils arrivèrent après 1791, des quakers et des mennonites (particulièrement de la région de Kitchener-Waterloo) viennent s'y établir.

Contrairement à la plupart des villes qui connaissent une évolution lente et progressive, avant de voir apparaître des édifices publics prestigieux, London est née de façon soudaine grâce à la construction d'un édifice gouvernemental imposant, le **Middlesex County Building** *(399 Ridout St. N.)*, sur un emplacement vierge mais pressenti depuis la fin du XVIIIe siècle pour l'établissement d'une grande cité. Cet édifice pittoresque, entrepris dès 1828, est à l'origine de la ville, laquelle s,est étendue tout autour dans les années qui ont suivi son érection. Du XIXe siècle, la ville garde de superbes témoignages architecturaux, et nous vous proposons une promenade à travers la ville qui vous fera voir les plus beaux d'entre eux.

La balade commence au **parc Victoria**, ce grand et délicieux jardin en plein cœur de la ville. Au lendemain de la rébellion de 1837, c'est en ces lieux que les troupes britanniques envoyées dans la ville s'installent. Leur départ en 1868 va permettre à la Ville de l'acquérir et de l'aménager en un magnifique parc.

Prenez Dufferin Street vers l'ouest, et tournez à gauche sur Richmond.

À l'angle des rues Richmond et Fullarton, vous apercevrez le **Grand Theatre** *(471 Richmond St.)*, érigé en 1901 sur l'emplacement du Masonic Temple et du Grand Opera House, dont le bâtiment d'origine brûla en 1900. Depuis 1982, ce bâtiment a fait l'objet d'importants travaux de restauration, et vous pourrez vous y rendre pour assister à une pièce de théâtre.

En continuant sur Fullarton Street, vous arriverez à Ridout Street.

Au bord de la rivière Thames, vous apercevrez une élégante demeure blanche, la **maison Eldon** *(481 Ridout St. N., ☎ 519-661-5165)*, la plus ancienne résidence privée de la ville, maintenant ouverte aux visiteurs, qui la verront telle qu'elle était au siècle dernier, avec son mobilier et son décor. La famille Harris se la fit bâtir en 1834. Sur Ridout Street, vous remarquerez plusieurs autres belles maisons datant des toutes premières années de la ville.

Si vous continuez sur Ridout Street vers le sud, vous verrez un grand bâtiment aux formes plutôt inusitées : la **Galerie régionale des beaux-arts** *(421 Ridout St. N., ☎ 519-672-4580)*. Conçue par l'architecte Raymond Moriyama, cette galerie cruciforme arbore de grandes baies vitrées qui procurent aux salles d'exposition un bon éclairage naturel. Elle renferme une collection d'œuvres d'art principalement composée de toiles de peintres canadiens. Les salles de l'étage présentent une exposition sur l'histoire de la ville.

Continuez sur Ridout Street North.

Si Londres a sa Tamise et sa tour (appelés respectivement *London*, *Thames* et *Tower of London* en anglais), London, Canada, a sa *Thames River* et son **Middlesex County Courthouse** *(399 Ridout St. N.)*, un ancien palais de justice comprenant une prison dont l'architecture néo-gothique n'est pas sans rappeler les châteaux forts du Moyen Âge avec leurs nombreuses tours crénelées.

Prenez Dundas Street.

À l'angle de Wellington se dresse l'**Old City Hall**, de style néoclassique et construit en 1918. Il fut agrandi par T.C. McBride en 1927.

De Dundas Street, tournez à gauche sur Waterloo Street.

Située au centre d'un agréable parc de verdure, la **First St. Andrew's United Church** *(350 Queens Ave.)* a d'abord été érigée pour desservir une des nombreuses communautés presbytériennes de London. L'édifice de brique, édifié entre 1868 et 1871, reprend l'habituel vocabulaire néo-gothique des églises protestantes, caractérisé par des ouvertures en ogive et un clocher à flèche. La nef intérieure arbore une sobre charpente apparente en bois. Non loin se trouve l'ancienne «Manse» néo-Renaissance, sorte de presbytère où vivait le pasteur de la communauté appelé *Reverend Doctor*.

En poursuivant votre route sur Waterloo Street, prenez le temps d'admirer les splendides demeures victoriennes datant du XIXe siècle et du début du XXe siècle.

Si vous disposez d'un peu plus de temps, au lieu de tourner sur Waterloo Street, vous pouvez poursuivre votre route sur Dundas Street jusqu'à Adelaide Street. Vous arriverez alors au petit **musée Banting** *(442 Adelaide N., ☎519-673-1752)*, lequel présente la vie et les réalisations d'un illustre médecin, Frederick Grant Banting (1891-1941), qui remporta le prix Nobel de médecine en 1923 avec le médecin écossais John Macleod, tous deux ayant découvert l'insuline.

Avant d'arriver au **Musée de l'archéologie amérindienne** *(1600 Attawandaron Rd., ☎519-473-1360)*, ne soyez pas surpris de traverser un paisible quartier résidentiel. Le musée met l'emphase sur les travaux d'archéologie qui ont permis de mettre au jour certains vestiges des tribus amérindiennes qui habitent le Canada depuis plus de 10 000 ans. Le survol de ces recherches est un prétexte pour raconter aux visiteurs l'histoire des Premières Nations et pour évoquer leur mode de vie et quelques-unes de leurs traditions. À l'extérieur, un village iroquois comprenant une grande maison (*long house*) et les installations qu'on y retrouvait à l'époque est reconstitué.

Sarnia

Sarnia tire l'essentiel de ses charmes de ses parcs situés en bordure du lac Huron et de la rivière St. Clair, et qui parviennent à mettre en valeur la beauté de leurs flots miroitants. Aux abords de la ville, vous remarquerez la présence de ses industries pétrochimiques, qui sont à l'origine de la prospérité de la région.

Quelques villes dans cette région de l'Ontario sont nées de la découverte d'or noir; c'est le cas d'Oil Spring et de Petrolia, qui connurent au tournant du siècle un développement aussi intense que bref. Vous pourrez revivre ces années passées en vous rendant au site **Découverte de Petrolia** *(Petrolia St., à l'ouest de la route 21, ☎ 519-882-0897).* C'est ici que furent trouvés les premiers gisements de pétrole à l'origine de la fondation de la ville. Pour souligner ces années marquantes dans l'histoire de la région, un champ pétrolifère tel qu'on aurait pu en voir au siècle dernier a entièrement été reconstitué. En plus d'y observer un puits en exploitation, vous pourrez vous initier à l'histoire du pétrole dans cette région du Canada.

Amherstburg

La petite bourgade d'Amherstburg, à l'embouchure de la rivière Detroit, joua un rôle marquant dans la région durant la guerre de 1812, alors que les troupes britanniques postées en son fort, le **fort Walden** *(100 Laird Ave., ☎ 519-736-5416)*, avaient pour mission de protéger les colonies anglaises de la région. Malheureusement, elles ne purent faire le poids face aux troupes adverses, qui parvinrent à le prendre et à le détruire en partie. Remis au Canada en 1815 et reconstruit par la suite, il veille encore sur la rivière, bien que son affectation soit dorénavant purement théorique.

Le **North American Black Historical Museum** *(277 King St., ☎519-736-5433)* a été construit en souvenir des esclaves noirs ayant fui les États-Unis afin de trouver une terre d'asile plus accueillante au Canada. Il raconte la triste épopée de ces hommes et de ces femmes, enlevés de force des côtes africaines et emmenés en Amérique pour servir de main-d'œuvre sur les plantations. On y retrace aussi la route clandestine qu'ils empruntèrent pour se rendre au Canada.

Windsor

Certains affirment que le plus bel attrait de Windsor est le profil de la ville américaine de Detroit se dessinant à l'horizon. Il ne s'agit sans doute là que de mauvaises langues, mais il est vrai que Detroit, qui se dresse de l'autre côté de la rivière du même nom, a quelque chose de féerique quand on la voit d'ici.

Aujourd'hui, cette ville industrielle présente un centre-ville quelque peu désolant. Cependant, on y retrouve des coins agréables, notamment au bord de la rivière, où des parcs ont été aménagés, entre autres les magnifiques **jardins Coventry** *(-Riverside Dr., à l'angle de Pillette Rd.)*, ornés de superbes fleurs et de la fontaine de la Paix.

Si vous ne restez que peu de temps à Windsor et ne pouvez visiter qu'une seule attraction, que ce soit le **Musée des beaux-arts de Windsor** *(445 3100 Howard Ave., ☎ 519-969-4494)*, qui présente une collection étonnamment riche de véritables chefs-d'œuvre de grands maîtres canadiens. En plus d'y voir des tableaux et des sculptures qui vous raviront, vous profiterez d'explications claires et détaillées révélant différentes facettes de la vie artistique canadienne. Le musée expose également une superbe collection d'art autochtone.

Windsor est fière de son **casino** *(445 Riverside Dr. W., ☎519-258-7878)*, dont le bâtiment sans élégance ni charme se dresse au bord de la rivière Detroit et fait face aux États-Unis, d'où proviennent la majeure partie de ses visiteurs. L'affluence est telle qu'un autre casino, encore plus grand, est censé ouvrir en 1997.

Si vous désirez jouer mais trouvez le casino trop banal, vous pouvez opter pour le **Northern Belle Casino** *(350 Riverside Dr. E., ☎ 519-258-2141)*, installé dans un bateau à quelques pas du centre-ville, sur la rivière Detroit.

À l'extrême sud-ouest de l'Ontario, une pointe de terre avance dans le lac Érié, la Pointe Pelée, qui constitue la portion la plus méridionale du territoire canadien. Cette pointe bordée de marais est le refuge d'une faune variée, notamment d'oiseaux de toutes sortes qui viennent la hanter en tout temps et particulièrement au printemps et en automne, alors que différentes espèces s'y arrêtent lors de leur périple migratoire. Ce site est maintenant protégé par un parc national, le **parc de la Pointe Pelée** *(de Leamington, suivez la route 33, R.R.1, N8H 3V4, ☎ 519-322-2365, ⇌ 322-1277)*, qui offre d'agréables sentiers de randonnée. Les longs quais de bois qui s'enfoncent dans les marais et qui permettent l'observation de multiples espèces dans leur environnement naturel ajoutent à l'attrait de ce parc fascinant, où l'on a observé près de 350 espèces d'oiseaux. En septembre, des monarques, ces papillons orangés, envahissent le parc. Vous y trouverez également quelques plages.

RENSEIGNEMENTS GÉNÉRAUX

Le présent chapitre s'adresse aux voyageurs qui désirent mieux planifier leur séjour au Canada.

FORMALITÉS D'ENTRÉE

Pour la plupart des citoyens de l'Europe de l'Ouest, un passeport valide suffit, et aucun visa n'est requis pour un séjour de moins de trois mois au Canada. Il est possible de demander une prolongation de trois mois. Un billet de retour ainsi qu'une preuve de fonds suffisants pour couvrir le séjour peuvent être requis.

La plupart des pays n'ayant pas de convention avec le Canada en ce qui concerne l'assurance maladie-accident, il est conseillé de se munir d'une telle couverture.

AMBASSADES DU CANADA À L'ÉTRANGER

France
Ambassade du Canada
35, avenue Montaigne
75008 Paris
☎ 01.44.43.29.00
⇄ 01.44.43.29.97
Métro Franklin-Roosevelt

Belgique
Ambassade du Canada
Avenue de Tervueren, 2
1040 Bruxelles
☎ 735.60.40
⇄ 735.33.83

Espagne
Ambassade du Canada
Edificio Goya
Calle Núñez de Balboa 35,
Apartado 587
Madrid 28080
☎ 431-43.00
⇄ 431-23.67

Italie
Ambassade du Canada
Via Zara 30,
Rome 00198
☎ 440-30.28
⇄ 440-30.63

Suisse
Ambassade du Canada
88, Kirchenfeldstrasse
CH 3005 Berne 6
☎ 352.63.81
⇄ 352.73.15

AMBASSADES AU CANADA

Elles peuvent fournir une aide précieuse aux visiteurs qui se trouvent en difficulté (par exemple en cas d'accident ou de décès, fournir le nom de médecins ou d'avocats, etc.). Toutefois, seuls les cas urgents sont traités. Il faut noter que les coûts relatifs à ces services ne sont pas défrayés par les missions consulaires.

Ambassade de Belgique
80 Elgin Street, 4e étage
Ottawa, Ontario
K1P 1B7
☎ (613) 236-7267
⇄ (613) 236-7882

Ambassade d'Espagne
350 Spark Street,
Bureau 802
Ottawa, Ontario
K1R 7S8
☎ (613) 237-2193
⇄ (613) 236-9246

Ambassade de France
42 Sussex Drive
Ottawa, Ont.
K1M 2C9
☎ (613) 789-1795
⇄ (613) 789-3484

Ambassade de Suisse
5 Malborough Avenue
Ottawa, Ontario
K1N 8E6
☎ (613) 235-1837
⇄ (613) 563-1394

RENSEIGNEMENTS TOURISTIQUES

Le Québec

Les principaux bureaux d'information touristique à Québec et à Montréal peuvent vous fournir des renseignements sur ces villes ainsi que sur toute la province.

Centre Infotouriste
1001 Square-Dorcherster
Montréal
Métro Peel
☎ (514)-873-2015

Bureau d'infomations touristiques
12, rue Sainte-Anne
(en face du Château Frontenac)
Québec

Vous pouvez aussi écrire à :
Tourisme Québec
Case postale 979
Montréal
H3C 2W3
☎ (514) 987-2015 ou 1-800-363-7777 depuis l'Amérique du Nord
⇄ (514) 864-3838

L'Ontario

En Ontario, les principaux bureaux d'information touristique d'Ottawa et de Toronto peuvent vous fournir des renseignements sur ces villes et sur toute la province.

Bureau d'information touristique à Ottawa
90 Wellington Street
☎ 239-5000 ou 1-800-465-1867 au Canada
ou écrire à
40 Elgin Street
Ottawa, Ontario
K1P 1C7

Tourism Toronto
207 Queen's Quay, Suite 590
Toronto, Ontario
M5J 1A7
☎ 416-203-2500 ou 1-800-363-1990

Ontario Travel Visitor Information Centre
Situé au rez-de-chaussée du Centre Eaton, au coin des rues Queen et Yonge
☎ (416) 314-0956 ou ☎ 1-800-ONTARIO (668-2746) depuis l'Amérique du Nord.

Vous pouvez aussi écrire à :
Ontario Travel
1 Concord Gate, 9th floor
Dow Mills, Ontario
M3C 3N6

Quelques représentations diplomatiques canadiennes possèdent également, au sein de leur ambassade, un service de tourisme qui peut fournir des brochures d'ordre général. Voir plus haut pour connaître leurs adresses.

En France, un système automatisé permet d'obtenir rapidement de l'information touristique 24 heures par jour, au ☎ 44.43.25.07
Sur Minitel : 3615 Canada.

SERVICES FINANCIERS

Change

La plupart des banques canadiennes changent facilement les devises françaises, mais presque toutes demandent des **frais de change**. En outre, on peut s'adresser à des bureaux ou à des comptoirs de change qui, en général, n'exigent aucune commission. Ces bureaux ont souvent des heures d'ouverture plus longues. La règle à retenir : **se renseigner et comparer.**

Chèques de voyage

Les chèques de voyage sont acceptés, en général, dans la plupart des grands magasins et dans les hôtels; cependant, il vous sera plus commode de les changer dans les banques ou dans les bureaux de change.

Cartes de crédit

La carte de crédit est acceptée un peu partout, tant pour les achats de marchandises que pour la note d'hôtel ou l'addition au restaurant. Son avantage principal réside surtout dans l'absence de manipulation d'argent, mais également dans le fait qu'elle vous permettra (par exemple lors de la location d'une voiture) de constituer une garantie et d'éviter ainsi un dépôt important d'argent. De plus, le taux de change est généralement plus avantageux. Les cartes de crédit les plus utilisées sont Visa, MasterCard et American Express.

La carte de crédit représente aussi un bon moyen pour éviter les frais de change. Ainsi, les personnes pour lesquelles il est possible de faire un retrait directement de leur carte de crédit peuvent surpayer leur carte et faire des retraits directement à partir de celle-ci. Cette procédure vous évite de transporter une grande quantité d'argent liquide ou d'utiliser des chèques de voyage. De plus, comme la plupart des hôtels et restaurants acceptent les cartes de crédit, vous évitez toute manipulation d'argent comptant tout en bénéficiant du taux officiel de la journée, et ce, sans frais.

La monnaie

L'unité monétaire est le dollar canadien ($), lui-même divisé en cents. Un dollar = 100 cents.

Il existe des billets de banque de 5, 10, 20, 50 et 100 dollars, ainsi que des pièces de 1, 5, 10, 25 cents et de 1 et 2 dollars.

HEURES D'OUVERTURE

Au Québec et en Ontario, les heures d'ouverture des établissements privés ou publics sont généralement celles-ci : du lundi au vendredi de 10 h à 18 h, le jeudi et le vendredi de 10 h à 21 h, le samedi de 10 h à 17 h et le dimanche de 11 h à 17 h. Cependant, ces heures ne s'appliquent pas à tous. Certains magasins n'ouvrent pas le dimanche; d'autres, situés dans des endroits tranquilles, n'ouvrent pas plus tard le jeudi et le vendredi qu'en début de semaine, et plusieurs allongent leurs heures d'ouverture en été.

Finalement, prenez note que, dans les régions rurales, les magasins ouvrent souvent plus tard et ferment plus tôt. De plus, le magasinage dominical y est plus rare.

MAGASINAGE

Le magasinage est une véritable activité touristique dans les grandes villes du Québec et de l'Ontario. Vous pourrez y dénicher des vêtements dernier cri dans des boutiques à la mode. On y trouve aussi des produits d'artisanat de partout au pays qui peuvent faire de jolis souvenirs.

Les produits d'**artisanat** locaux se composent surtout de peintures, sculptures, poteries, tissus, broderies et vêtements ainsi que de meubles.

La **fourrure** est, bien entendu, une spécialité au Canada. Les manteaux et chapeaux de fourrure sont bienvenues l'hiver venu. La qualité et la diversité vous laisseront l'embarras du choix.

Les érables du pays produisent une abondance d'eau qui est transformée, le printemps venu, en de délicieux **produits de l'érable**. Une visite à la cabane à sucre vous donne l'occasion de vous sucrer le bec et de faire des provisions!

Certains petits producteurs locaux fabriquent des **liqueurs** et des **vins** qui valent la peine d'être goûtés. Au Québec, l'hydromel et le vin de pissenlit ou de bleuet rivalisent avec des liqueurs comme la «Chicoutai» et le «Caribou». En Ontario, on produit, à partir des raisins récoltés après les premiers froids, un vin unique appelé «*ice wine*».

Finalement, mentionnons l'impressionnante diversité de produits d'**artisanat inuit et amérindiens**. Par exemple, les sculptures sur différentes essences de bois, de différents types de roches et même d'os d'animaux font de très beaux souvenirs. Assurez-vous de l'authenticité de l'œuvre en vérifiant le sceau émis par le gouvernement canadien.

L'ÉLECTRICITÉ

Partout au Canada la tension est de 120 volts. Les fiches d'électricité sont plates, et l'on peut trouver des adaptateurs sur place.

LE TÉLÉPHONE

D'utilisation beaucoup moins chère qu'en Europe, les appareils téléphoniques se trouvent à peu près partout (parfois même à l'entrée de grands magasins). Ils sont faciles à utiliser et fonctionnent avec des pièces de monnaie (0,25 $), des cartes à puce en vente dans les kiosques à journaux et parfois même avec des cartes de crédit.

En cas d'urgence, composez le **911**.
Pour joindre l'assistance-annuaire, composez le **411**.

Notes de voyage

Notes de voyage